U0924655

TABLE SETTING : A TIME FOR LOVE

爱就是在一起，吃好多好多顿饭

曾焱冰 著

天津出版传媒集团
天津人民出版社

曾焱冰

作家，生活美学及餐桌艺术研究者
置爱生活美学传播机构创始人

2014 年出版国内第一本餐桌美学书籍《爱就是在一起，吃好多好多顿饭》
2016 年出版《没完没了的好时光》、译著《四季餐桌》

柴利增

知名摄影师，风格优雅细腻
因拍摄了众多明星名流婚礼而被称作“中国明星婚礼第一人”
是本书的合作摄影师

自序：美丽餐桌上的故事

头发雪白的玛蒂娜在她一长溜五花八门的茶叶盒中巡视，抽出一只说，试试我的阿萨姆红茶吧，这是秋天的茶，味道更香浓，能帮你调整时差带来的失眠。

接着，她又指挥她的女儿在偌大的茶具柜里挑选茶杯，那里排列着一套套精美无比的茶具。她是在为我挑选一只合适的杯子，不是 Old Country Roses（老镇玫瑰），而是 Polka Rose（波尔卡玫瑰），因为它适合我的年龄。

这是 1999 年冬天的一个下午，在德国的波恩。玛蒂娜是我认识的一位当地报刊女主编的母亲，已经八十五岁了。这是我第一次在欧洲人的家里享用下午茶。

看着玛蒂娜在杯子上架上银茶漏，将茶水缓缓地倒入茶杯中，随着升腾的热气，麦芽香和蜂蜜、玫瑰的气息瞬间充满了空气。那雕刻着花纹的银茶漏、带着蕾丝的茶巾，她盘子里每一样精致的点心仿佛把我带到了一个美丽而神秘的世界。随着那一次欧洲之行五光十色的记忆渐渐被更多更新的信息取代，这个下午的每个细节却越发闪亮，因为在那一刻它让我的心“突”地动了一下，留下了一个标记，在后来无数漫长而黯淡的日子里，像一个闪亮的音符，时常浮现。

再一次有这样心被“突”地击中的感觉是几年之后，在我好友细毛夫妇的家宴上。细毛是一位设计师兼作家，她丈夫尹齐是一位画家。他们在巴黎和北京两地生活，那一次是为庆祝他们迁入北京的新居。大到近乎空旷的客厅，中心是一张大大的餐桌，角落里，一盏20世纪70年代的欧洲古董落地灯发出柔和的橘色光线，桌上烛光摇曳，花影微动。那些美丽的餐盘、餐巾与精致的烛台和花朵让每个进入房间的人都赞叹着迷，随后被端出的女主人亲手烹饪的一道道菜品更是色味俱佳，而且都与盛装它们的容器配合得惊艳无比——桃红色的小水萝卜被切成极薄的薄片与蔬菜一起被装在翠绿的琉璃色拉碗中，卷成花朵一样的节瓜片盛开在小小的地中海式迷你陶碗里，还有盛放清蒸鱼的家传的古典银盘、装甜品的西班牙彩陶小碗……我在时装杂志工作多年，见过无数奢华与精美的晚宴场面，或许餐具用品和桌面装饰精致昂贵过这很多倍，心里却从来没有过像那一刻的感动。因为这不是商务的宴请，而只是给朋友做饭，是每一天自自然然发生的生活。这让我又想起多年前的那个下午，那个有着雪白头发的老太太，她的茶杯、她的点心、她银色的茶漏，还有她缓缓冲泡出的艳红色的茶汤与她一举一动中的悠闲和享受……

如果说玛蒂娜的下午茶是多年前在我心里留下的一串模糊的音符，那么细毛宴请则是串联起这些细小音符的指挥棒，就是从那一刻起，我的心被打开了一个小口，就像那些年繁忙而漠然的生活忽然打开了一扇天窗，一束光暖暖地照出了新的乐趣。

也就是从那一刻起，我也开始尝试改变自己的生活，去留意那些会打动我的美丽的盘盘碗碗、烛台花器，为家人朋友精心地准备日常的餐饭，布置美丽的餐桌，这样一顿顿饭下来，丰富的不仅仅是我餐具的库存，还有整个生活。所有的一切都不一样了，生活原本就是不断枯燥地重复，没有轰轰烈烈，唯有这些美好的细节让生活越品越有滋味。

后来，朋友说，你把平时的美图和方法创意都集结起来出本书吧。这确实是个让我兴奋的建议。最初，我觉着这是一本关于如何布置餐桌的书。对很多中国家庭来说，让餐饭更美味，甚至让厨艺更接近于专业厨师水平都不在话下，但如何让一个餐桌变得美丽迷人，却是很多人未曾思考过的问题。我想以我的经验告诉大家怎么去给一顿饭定下一个有趣的基调，怎么像杂志上的大片那样摆放餐具，还有鲜花。于是我开始以“专业”的态度去学习布置餐桌、摆放餐具、插花、拍摄，一丝不苟，力求完美。但当我拥有了很多“符合标准”的图片，很多“信达雅”的教科书一般的文字时，却忽然觉得，这些怎么反而没有我平时随便用手机拍摄的图片生动诱人？不如我胡乱写在帖子里的段落更有趣？会有人捧着这样一本书去一二三地学习吗？我又凭什么让别人跟我学习？生活并不是一门功课，我也没有资格做教师，我们需要的其实是爱、分享和乐趣，难道不是吗？

有趣的是，在意识到这些，并开始反思的时候，我发现自己怀孕了。于是这本书的进程被停下整整三年，在这期间，我依然做饭，从给一个未知的小胎儿做饭，到给一个婴儿、一个小小少女做饭。我还是喜欢呼朋唤友地在家里大摆家宴，和朋友一起聊天、喝下午茶，这个时候，女儿小叶子就在旁边，从躺着到坐着，从睁大眼睛看着，到能伸出小手开心地摆弄餐桌上的花草餐具。在这个过程中，我再没有去想过任何书本上教授的规则，也不再苛刻地要求自己做到完美——积木玩具可以上桌做装饰吗？为什么一定用鲜花而不是蔬菜？要照顾小孩，时间紧迫用自助的方式招待客人不是更好吗？从有条有理，到毫无章法，我忽略掉了“对错”这个观念。一个早晨，我把一条羊毛大披肩铺在桌上当桌布，摆上了并不配套，但符合我当时心情的各种类型的印有花花草草的盘碟，食物有西式的面包、果酱、火腿，也有中式的八宝粥和摊小蛋饼，刚刚两岁的小叶子坐在她的儿童椅里，看着我忙忙碌碌，端盘摆碗，忽然喃喃自语地说，妈妈弄得真漂亮!

我想我真的是被感动了，连后来她撒娇不要自己吃饭我都表示顺从。那顿早餐之后，我打开久违的文件夹，把之前写了一半的文字全部放弃。那些冷冰冰的餐桌礼仪、摆盘、插花的方法被一一放弃。我终于想明白，我要和大家谈的不是简单的一张张美丽而空洞的餐桌，而是关于餐桌上欢乐的时光；不是一顿顿餐饭，而是一次次美丽的相聚；不是奢华晚宴的长桌上一丝不苟的花饰，而是清晨花园里采集来的带着露水的植物；更不是那些商务宴请上正襟危坐的绅士淑女，而是边聊天边烹饪，其乐融融无限延展的下午。这不是什么了不起的事，也不属于艺术范畴，更不是让人高不可攀的对昂贵餐具的炫耀，而是爱和给予，是一个个欢乐的餐桌故事，而用心布置这些餐桌，只是一个可以让我的朋友和家人快乐的方式，还有我自己。

对，就是这样。

2014 年 5 月　于北京

目 录

摄影＿曾淼冰

PART I

一日三餐四季
好多好多爱

多出来的清晨

这些生活中美好的细节和片段，会深深地留在她记忆深处，
作为一种储备能量，在未来的某些未知岁月中，
帮她抵御现实生活里可能遇到的忧愁。

早餐桌上的花朵，不在于有多名贵，而在于它新鲜欲滴，给清晨一个明媚的开始

从花盆里剪下了两枝含苞待放的艳粉色芍药，搭配一枝素色的绣球花，插在水晶花瓶里，每个花瓣都吸附着清晨的阳光，美艳艳的，娇滴滴的，仿佛还沾着露珠儿。在这个乡下的小院里，正是春末天气。还有很多花儿。白玉兰的花瓣落了满地，雪一样。紫玉兰还在绽放，还有粉色的樱桃花、榆叶梅，梨花的花枝被压得低低地垂下，走过时，会碰到人的脸颊。

这个清晨是从6点钟开始的。别人会因为休息日而睡个懒觉，但当了妈妈后，懒觉被剥夺了，索性让一天开始得更早。迎着浅灰色的晨曦准备周六的早餐，先把前一晚泡好的各种谷物煮上粥，选美丽的桌布，挑喜欢的餐具，插好花，洗好水果，摆在盘子里，这时候小叶子才刚刚睡醒。

让两岁的小叶子起床变成越来越费时的事儿。她醒来，要吃着手指对你甜甜地笑，要咿咿呀呀地和你说梦见了蚂蚁还是蜗牛，还要继续在床上打滚儿，要你躺下陪她，把小脚丫踢到天上，闪躲着和你玩耍，捉也捉不住。这样甜美的时光是赶着上班的日子所无法享受的。与她腻够了，慢慢起床，再去煎蛋、煮咖啡，把面包推进烤箱加热，又或摊一摞松软的蛋饼，配上奶油和各种莓果。这时粥已经煮得糯糯的，飘出了香味，食物摆上餐桌，一家人的周六早餐正式开始。

要说女人都可以是天生的指挥家，让不同的音调汇集在同一个节奏上，眼观六路，从容周全。这也是像我们这样朝九晚没谱的职业女性被迫学会的“效率”，否则休假时光便只能混沌虚度了。在杂志里，我们总不厌其烦地追问那些成功女性，你的生活和事业是如何平衡的？但实际上，真实的答案是永远顾此失彼。我们所能做到的最好的努力，只是让这一生的总账收支平衡，让孩子和家人的记忆中，存在有质量的陪伴和印象深刻的在一起的好时光。

而食物是最能留住记忆的。它总能轻易就把我带回到过去的岁月中——早餐吃的喷香的炒米饭配泡菜，白菜鸡蛋热汤面，一咬一口油的猪肉小笼包，脆得掉渣儿的油条。还有在厨房里，我站在妈妈腿旁，看着她把雪白的馒头切成片，沾上黄色蛋液，在锅里“嗞嗞”地炸出金灿灿的颜色。还有爸爸煮的豆浆，香味弥漫在空气中，他总是给我倒上热腾腾的一杯，看着我都喝下才安心……这些就像一扇门，只要一个熟悉的味道或相似的场景，就能开启密码，记忆立刻被打开，已经很遥远了的昨天，就在这里。多年后，在我已经离开了父母和我组成的那个家庭后，无论是一个人生活，还是有了自己的家人，无论在什么样的房子里，是忧伤还是欢乐，窗外是阴雨还是艳阳，只要清晨可以坐在餐桌旁，喝一杯热热的豆浆或咖啡，吃一片面包或一颗水煮蛋，就觉得，一切都不会太糟。

在刚刚有女儿小叶子的时候，抱着那一团软软香香的小婴儿，不知为什么，脑子里也出现了一个关于早餐的画面——一家人围坐桌前，玻璃瓶里有鲜榨的果汁，粗糙的陶瓷大扎杯里是牛奶，竹篮里有面包，彩陶大盘里有水果，那种充满明亮和爱意的画面，那种一家人在一起享受美味和清晨的感觉，就是我希望能

在旧货市场寻找一些好玩儿的东西，就像这对儿田园风格的德国老蛋托

在乡下小院中的早餐桌，如水彩般流动的色彩自然融入花树间的氛围，在清晨带来愉悦的感受

给怀中的这个小女孩的。这其实和当年的我站在母亲腿边看她“嗞嗞”地炸着馒头片没有区别，我相信，这些生活中美好的细节和片段，会久久地留在她记忆深处，作为一种储备能量，在未来的某些未知岁月中，帮她抵御现实生活里可能遇到的忧愁。

于是每个双休日，我都尽量“努力”地做早餐。所谓努力，并不是要在早餐桌上摆上如自助餐台那么丰盛的食物。在清晨，那些沾着露水的蔬果便是最美的。想象着果盘里将要摆出的颜色，红的、黄的、绿的，以及一个橙子被手指剥开时微妙的撕裂声和弥漫在空气里的清香味道，一颗鸡蛋在锅边被打破，放在平底锅中渐渐凝固时发出的声响，还有煮咖啡和烤面包的香气，若此时还有阳光，那便是完美。

就像此刻这个乡下小院里的清晨，空气中充满了花香，阳光透过树叶投下的影子，瞬息万变。坐在可爱的小桌旁，轻轻地说着话，慢慢地吃着早餐，咂一口玻璃杯里冰凉的果汁，看着小叶子用小手灵巧地敲开她喜欢的水煮蛋。这时，太阳从云后出来了，牛油变得软软的。用刀厚厚地刮上一层，抹在微热的面包上。一只蜜蜂飞了过来，发出嗡嗡的声音。又一阵风吹过，满墙的花影都乱了。

— HOW TO —

用早餐唤醒美好的一天

也许你从头一天晚上就开始准备布置餐桌了，为它花了很多时间和心思，但当家人揉着惺忪的睡眼走出卧室时，不应惶恐而手足无措地问你“家里是要来客人吗”，最佳的反应是发出欢快的轻呼，然后迅速跳到椅子旁坐下，用手去抓桌面上已经准备好的食物！

轻松随意的美丽，才是双休日早餐的最佳氛围。把那些精致严谨、一丝不苟的风格留到晚宴去吧。选那些很田园的、自然的、柔软的装饰，让一切看上去漫不经心。你甚至可以把任何你喜欢的东西都摆出来，那些跳蚤市场淘来的Vintage（古董）瓷器杯盘、复古的搪瓷茶壶、旅行带回的陶瓷罐子、乡村的竹篮……当然，加入一些现代感的东西会显得更有细节。精致时髦的加上古老怀旧的，粗糙的加上细腻的，让它们在对比中和谐共处的关键是保持所有物品的色调和质地的呼应与统一，风格相融。

桌布是早餐桌的灵魂

-

对早餐餐桌来说，桌布简直就是灵魂。

你也许是简约派，只爱纯白，但这时不妨放宽一次原则，试试有颜色的印花的桌布，就像一个一生钟爱小黑裙的女人，也不会妨碍她在清晨穿一袭印花丝缎晨衣。

特别要说的是，这里所说的桌布，不一定是真正意义的桌布，我曾用羊绒大披肩、旧的棉布格子床单和勾花茶巾当过桌布，效果出奇的好。不必担心面料的色彩会抢了食物的风头，因为这时你的胃口绝对不会忽略食物的存在，或者你可以像我一样，把印花面料反过来，用背面朦胧的色彩，也是一种不一样的味道。而餐巾的选择，要足够大，颜色尽量与桌布呈对比，这不光美观，还可以随时清理咖啡或茶渍，以及面包屑。

买来的食物也能美美的

-

我的早餐桌上，很多食物都是从超市直接买来的。但我一定会把买来的食物去掉那些讨厌的塑料包装，摆放在美丽的盘子中，把成包的麦片分装进玻璃瓶子、把果汁倒进精致的水罐、把果酱挤入玻璃小瓶，这些小动作并不多此一举，它能让一切看起来更像 Home Made（自制），让普通的食物显得更精致美味，气氛更温馨。

简单的花朵更适合慵懒的早餐桌

-

随手从花园里采来的、带着点滴晨露的花朵，是布置早餐桌最好的选择。当然，清晨常有但花园不常有，不如去花市选一些简单的花朵吧，比如小雏菊，比如芍药花和绣球花。和其他花相比，这三种花更有清晨的感觉，非常清新，而且它们仿佛会吸附阳光，每片花瓣都跟着阳光的变化而变幻。与之相比，那些个性张扬的花朵不太适合出现在早餐桌上，同样，也不用费很多心思和时间去插花，过于工艺精致的造型反而失去了早晨慵懒的感觉。

小叶子上小学后的日常早餐桌是什么样的？

这5年，生活发生了很多变化。首先我不再是一个朝九晚没谱的公司员工，而是变成了在家工作的人。小叶子也从一个幼儿园的小朋友，变成了每天7点半就要出门上学的小学生。

起得早，有时没有阳光，但依然有花朵和好看的盘子，有丰盛的食物。

小叶子对早餐的要求——不能出现中午和晚上吃的东西。也算描述准确吧，我理解她的意思是，大鱼大肉、米饭、炒菜不应该在早上出现……其实，她需要的依然和小时候一样，不过是一碗粥和一些她习以为常的、熟悉的早餐食物。

所以我所做的，其实就是把一些固定类别的食物换个模样，比如：摊鸡蛋饼可以变成烤华夫饼，可以是烙小松饼；鸡蛋可以是煎蛋、葱花炒蛋、美式炒蛋、厚切蛋、蒸鸡蛋羹；肉类有煎培根、煎香肠、冷切火腿，还有家常的炒饭、馄饨、蒸包子、煎饺……再加上时令水果、各种粥，排列组合一下，够五花八门了吧，就算只是换个盘子，味道也有些不同呢。

有时我也曾希望更"才华横溢"一些，拿着网上那些会把食物摆成各种卡通造型的"爱心早餐"给小叶子看，问她，你觉得怎么样，喜欢吗？

她极认真地看了一会儿说，我觉得都不太好吃……我心里窃喜，其实我也完全做不到啊！

本篇摄影 _ 曾焱冰

花园里的早午餐

一边做菜一边吃，聊聊天，弄弄花，喝喝酒，
有舒服的椅子、好看的餐桌餐具，
混着混着，就到了下午茶的时间了。

园子中央是一张巨大的彩色长桌，这是园子的男主人尹齐亲手制作的。那些具有波谱风格的圆形和波纹被分割、拼色、组合，经画家的手，让这些来自建材市场滞销的廉价瓷砖宛若新生，甚至被拼出了独特的装饰主义风格。在桌子周围，是春天里开得正热闹的花树：榆叶梅、杏花、白玉兰、连翘，还有李子花、粉玉兰，地上刚冒出芽的是菠菜苗、嫩葱和韭菜，还有此时遍地都是的紫色的二月兰和紫花地丁。小孩子蹲在花丛里采花，衣服和头发上就也沾上了淡淡的甜美的紫色。上午 10 点半，尹齐正在摆弄一大早从市场上搬回的修理房顶的石棉瓦，一会儿的工大，他又转身出发，要去村子里买几株石榴苗。女主人细毛则正在洒满阳光的厨房里准备早午餐的食物，孩子们刚刚睡醒，在花园里玩耍，而我，正在那张美丽的彩色大桌前插花、摆盘，美美地布置桌面，为美好的一天“画”出漂亮的底色。

一到双休日，微博和微信朋友圈里贴得最多的就是去某热门餐厅和朋友一起晒太阳享用 Sunday Brunch（周日早午餐）的照片，那些配着刁草和辣根的烟熏三文鱼散发着强烈的诱惑，番茄沙拉佐马苏里拉奶酪有着清新的味道，还有喷香的德式炸猪排、香煎鹅肝与

红酒烩鸡挑逗着你的食欲，闪闪发亮的焦糖布丁让一切都染上了阳光的颜色。这并不是新的时髦，而是在19世纪就从英国开始风靡的时尚。从那时开始，起床越晚，就代表着越是有钱的精英阶层，而Brunch（早午餐）这个合成词，恰如其分地表达了这种生活方式——Breakfast（早餐）与Lunch（午餐）组合在一起，既不是早餐，也不是午餐，慵懒闲散之气跃然纸上。

有人刻薄地说，讲英文的国家都做不好美食，但他们的长处是创造了很多弥补吃不好正餐的附属品。英国人轻松地发明了“Brunch”这个美妙的词语，而真正让它像龙卷风一样，迅速成为一种时髦的生活方式的，却是美国人。一方面，也许是因为仅仅依靠鱼排、薯条当正餐的英式厨房不足以支撑如此丰盛的场面；另一方面，英式有板有眼的节奏正像巴赫的平均律那样一丝不苟，能留给早午餐的放松空间少之又少。而在大西洋那头儿，在能把新奥尔良黑人音乐糅合欧洲白人文化形成爵士乐的美国，则更适合“早午餐”这个“混血”的孩子自由地成长。据说在20世纪30年代，美国的时髦人士就会为了一顿Ambassador Hotel（国宾酒店）的奢华Brunch，特地搭乘火车头等包厢，前往芝加哥。如果那时候有推特，可以想象，他们一定也会找到最好的角度拍出美美的照片，点发送，让所有人羡慕他们的悠闲和前卫。而今，美国新一代白富美

美丽的粗陶器皿更适合户外，白色、蓝色和咖啡色的搭配仿佛带来了地中海的阳光

利用花园里原本的环境摆放餐桌，用园中现有的花作为装饰，让花园本身和餐桌融为一体

的代表人物 Gossip Girls（美剧《绯闻女孩》里的主角们）则大声喊出——像我们这样的上东区富豪，才不会在双休日的早晨躺在床上读报、喝咖啡虚度，早餐就是我们的早午餐，有香槟做伴，有时髦的衣裙，有闺密，也有情敌。她们热衷扎堆的是在纽约由被誉为“早午餐女王”的沙拉贝思·莱文（Sarabeth Levine）女士创建于1981 年的 Sarabeth's 餐厅，无论是《绯闻女孩》还是《欲望都市》（*Sex and The City*）里的女郎们都常常出现在这里，这无意中让等位的队伍又加长了一百米。

那些头一晚参加派对才刚刚酒醒的女郎，此时需要一杯低度数的鸡尾酒“回魂”，每天朝九晚五闷头工作的白领，迫切地想和好友分享丰盛的美食和热辣的八卦，而对于爱人、孩子和父母，则需要一段轻松而悠长的时光，一起共享其乐融融的氛围。生物钟把大家的胃一起唤醒在上午 10 点之后，让 Brunch 穿梭在早餐的简易清爽和午餐的浓烈厚重之间。“舒缓无压力的节奏”“丰盛却轻松的美食”“香槟和鸡尾酒”“八卦和好友”，这些关键词构成了 Brunch 的核心精髓，无论你是把它当作私人时光来享受，还是当成一种社交形式，都是最从容和放松的节奏。

而像我们这样有小孩子的家庭，更喜欢呼朋唤友地在家里进行早午餐。这样的早午餐聚会是最轻松的了，它既没有像对午宴那样过高的期待，也不必到最后一分钟还在准备菜肴一起上桌。大家轻松围坐，一边做菜一边吃，聊聊天，弄弄花，喝喝酒，有舒服的椅子、好看的餐桌餐具，混着混着，就到了下午茶的时间了。就像这天，当我摆盘停当，细毛的美味陆续上桌时，他们的女儿樱桃欢呼着爬上座椅，尹齐的石榴苗已经踏踏实实地栽在了小院的土地上，水汩汩地从一条黑色皮水管里流进树苗周围新培的土窝，一点儿一点儿渗入土壤，冒出细小的气泡。

居住于伦敦的作家、家居和园艺设计师卡罗琳·克利夫顿—莫格（Caroline Clifton-Mogg）曾说过——一眼看过去，会客早午餐的餐桌要散发出欢迎的气氛。想要达到这个目的有一个最简单的办法：在已经布置好的餐桌上摆放些食物，提醒客人，美味之旅即将开始。与光秃秃的餐桌和空着的瓷盘相比，只有在食物参与进来后，一个餐桌的布置才算完整，也更能让人感觉到主人的热情。于是在摆放好盘碟的餐桌上，有装在小竹篮子里的面包、码在各种美丽的搪瓷和陶质的盘子中的水果，还有一个很乡村很传统的蓝白花纹的大陶盆，里面装的是各色新鲜的蔬菜，水粉静物画一般，既是完美的桌面装饰，在养眼之后，还会变成餐盘里美味清新的沙拉。

从吃着沾满香脆杏仁片的可颂面包、自制的甜橙酱、新鲜的水果开始，慢慢吃到橄榄油和香草醋拌的蔬菜沙拉、从西班牙带回的火腿，吃到我最拿手的蜜汁烤翅，还不过瘾。细毛挽起袖子，从地里采下鲜嫩的菠菜和小水萝卜。小萝卜的那种桃红色看上去迷人极了，是调色板上都找不出的艳丽。洗干净，咬一口，脆脆的，满口的清香。菠菜用热水轻轻焯过就好，放在煮得软硬合适的面条里，一点儿鲜味酱油，一大勺雪白软糯的猪油，趁着热度拌匀，简单却丰厚的美味。

时光仿佛带着一种童年时暑假才会有的气息，悠长、缓慢又昏昏欲睡。太阳从偏东到正中，又渐渐西斜的时候，我们依然懒散地倚在舒服的椅子上，喝着小酒，闲聊着。樱桃用小铲子在玩树坑里的水和泥巴，随时吸引她的，还有地上刚冒出的各种小花。5 个月大的小叶子则在树荫下香甜地做着美梦。有多少的时光，在这里也只是瞬间的消遣。这时候，中国台湾的竹炭花生、法国的马卡龙和自己烘焙的各种花色的杯子蛋糕，摆满了面前的彩色大长桌，还有装在搪瓷盘里的冷冻的大甜柿子，黄澄澄的颜色一如它去年秋天挂在枝头般明亮。茶杯、茶壶一一摆出，被滚烫的水冲刷过，再泡上一壶新得的明前龙井，没一会儿，院子里又渐渐飘出了煮咖啡的香气……

— HOW TO —

他们来时，与阳光相伴

是的，午餐和早午餐相对于晚餐，都是比较简单的一餐，布置没那么复杂，也没那么多规矩，虽然也会用到鲜花、茶蜡、桌布，但总体的氛围是轻松和随意的。可以选那些手工陶器或粗一些的瓷器，不必十分精美，餐盘有的有边沿，有的没有，那些没有的，就是适合午餐使用的随意款式。

色彩上也要选一个轻盈且简单的方案。让背景尽量干净简约，桌子保持桌面的本色或只用一块白色的桌布就很好。盘子的色彩和花朵呼应，采用同样轻柔的黄色、白色、灰粉色或自然色，这些搭配起来怎么也不会杂乱。

半自助式的早午餐

想要轻松的气氛，首先是主人要真的轻松——开放式厨房也是客厅，一群朋友端着香槟杯，自己斟酒，听着音乐说说笑笑，随手捏起大餐盘里摆好的各种精巧的小食，切一片木头小案板上的黑胡椒牛肉放进嘴里，等待着主人不断颠动的平底锅里马上就要出锅的美式炒蛋……

如果说早餐是收拾行囊准备出发，午餐是去征服眼前的高山，那么早午餐就是漫无目的地逛街，走走停停，优哉游哉。无论是把盘碟分别摆放好，还是只是将它们成摞地摆放在桌子一角，都没问题，刀叉餐具也可以直接放在罐子或杯子里，让客人自己取用。包括食物，用大号的盘子或碗盛放，让大家享受自助和分享的乐趣，既减少了自己的工作量，又营造了轻松的氛围，这就是早午餐的精髓。

早午餐的餐桌布置不宜过于花哨，但要热情、迷人并舒适无比，再强调一下，别忘记在布置好的餐桌上摆放一些现成的食物，也许是一些自制的果酱或者装在小陶罐里的黄油，再或装满果汁的玻璃大扎杯和放在篮子里的新鲜面包……不用着急，你可以一边和朋友聊天一边在厨房里做菜，这些食物会静静地待在桌面上，替你向每个来客微笑、问好。

早午餐适合摆什么样的花？

什么季节用什么花是最容易让人融入餐桌氛围的方法。春天可选的花太多了，花毛茛也叫洋牡丹，另外七彩蕾丝花、蔷薇花等都是应季的灿烂小花。跳舞兰其实什么季节都有，但它明黄的颜色永远让人想到春天。夏天可以试试荷花、绣球花，这些也是适合白天的花朵。秋冬季节，一些枝叶果实类的花材会更有感

本篇摄影 _ 袁小涵

觉，如果买不到那么多新颖的花，就选浅色玫瑰好了，浅色玫瑰是早餐、午餐桌上最亮眼且永远得体的花。

一瓶合时宜的鲜花会让桌面立刻有一种精心装扮过的感觉，另外需要注意的是，如果花的香气很浓烈，那在坐下开始吃饭前要把它们挪开，并且保持你的布置低于用餐者坐下交谈时的视线高度。

— HOW TO —

把餐桌搬到户外

在户外用餐的好处是，你可以在布置餐桌上尽情发挥你的想象力。打破以往布置餐桌的常规，可以用旧床单当桌布，也可以把花园中的盆花直接搬上餐桌。甚至把秋日金黄红彤的落叶撒满餐桌，间或装饰一些粗树枝做成的烛台，让季节感直接入味。

户外用餐时，所有的装饰品要和环境相互呼应，用陶器代替细腻的瓷器，木质或竹质的餐具代替华丽的银器，把那些娇气的水晶花瓶、烛台也留在屋内吧，用古旧的陶土小花罐和搪瓷壶来当花器就足够了。

朋友家花园里的午餐，随手采撷花园里的小花做装饰

户外餐桌上的花艺和室内用餐有何区别？

在户外餐桌上摆放的花朵，第一任务是要扛得住外面的自然环境。我的意思是，尽量选择一些能扛得住阳光、高温或低温、风等这些自然“破坏力”的花朵，如果客人还没就位，花就蔫儿了，那多扫兴。

雏菊、玫瑰、尤加利、蜡梅、迷迭香……这些都是很坚强的植物，看着也非常自然、非常有户外感。当然更棒的是直接从花园里采撷一些你种的花儿，很轻松地插在大瓶子或杯子里，这肯定是最让人羡慕且有“奢侈感”的选择。或者干脆直接把花盆包一层牛皮纸或粗麻布，自然又有生机。

另外水果和蔬菜除了被吃掉，也有它们新的生命意义——你可以把它们当作装饰品。那些颇具建筑美感的洋蓟和茴香头摆在碗里相当漂亮，各种菜瓜也是很有体积感的道具，各种颜色堆放在一起颇有丰收之感。对切，去掉内瓤，甚至还能当作别具一格的插花的容器。

再体贴一点儿

早午餐很轻松，在户外用餐可以更加随意。但随意是客人享受的一种气氛，要让这种“随意”舒服得体，则需要主人用更多心思。

首先是座位。无论是北欧风格的原木座椅，还是庭院感觉的藤椅或铁艺座椅，上面一定要有厚厚的软垫和靠垫，让每个人都感觉舒服是最基本的需求，甚至大于美观。

然后要想到餐桌上是否有遮阳伞，或者有一片浓浓的树荫？阳光并不是任何时候都让人感觉愉悦的。夏天还要考虑有没有准备户外用的驱蚊蜡烛或者大功率的户外电扇？飞虫较多的季节，食物是否也需要罩上一些专用的纱罩？

在瑞典斯莫兰森林里真正的野宴

本篇摄影 _ 曾焱冰

那一杯风花雪月的茶

“当下午钟敲四下，
世上的一切瞬间为茶而停。”

影片《了不起的盖茨比》（*The Great Gatsby*）让人印象深刻的一个情节是，盖茨比为了和已为人妇的昔日情人黛西见面，搬运来了“全城的鲜花”，布置了花园般令人惊讶的环境。巨大而奢华的蛋糕，精致无比的银质茶具，屋外大雨倾盆，他紧张地等待着时钟的指针指向下午 4 点，每一秒都是一下重重的心跳，真的像那首英国老民谣所唱：“当下午钟敲四下，世上的一切瞬间为茶而停。”只是这里应该改成：“当下午钟敲四下，世上的一切瞬间为你而停。”所有极致夸张的形式感，往往是为了表达某种难以言说的情愫，这让他们多年后精心策划的邂逅充满了戏剧性和伤感的味道。

而让我感到伤感的是，我一直想找到一只和影片里一样古典的银茶漏，有着精致的雕花和优雅圆润的弧线，但踏遍各种店铺，久久求之不得。

说起如影片中这般经典的英式下午茶，要追溯到第七世贝德芙公爵夫人安娜。她会寄出手写的邀请函，请朋友和她一起享受下午在花园中的美好时光，用一些简单的甜点、蛋糕和涂了黄油的面包打发早饭到晚餐之间的空虚时光，这打开了风靡于世的下

午茶（Afternoon tea）的序幕。而真正推波助澜，让这种英伦下午茶变为集合礼仪、插花、品茶和茶点于一体的文化的，是维多利亚女王，她的热爱和推动，让下午茶经过几十年的演变和丰富，进入了全盛时代。二战之后，随着人们生活方式的改变，下午茶的仪式被简化了，茶壶改成茶杯，茶叶改成了袋泡茶。因而茶漏和茶巾（Paper Doily，一般是蕾丝制成或钩绣而成的装饰织物，用在下午茶的茶桌上）这样的物件，也渐渐变得不多见了。就连我牛津大学历史系毕业的同事都说，Paper Doily 这个词已经不是出生于 20 世纪 80 年代的英国人所熟悉的了，是老奶奶时代的词语。而有趣的是，恰恰是在这一代年轻人中，下午茶的整套

这只银茶盘来自英国，而茶漏来自北欧，不同历史背景的物件聚合在一起，本身就是有趣的事情

程序和仪式感又重新成为时髦，这应该说是件好事，因为这是一种简单易得的幸福和娱乐。这样的形式也可以让忙碌的人们变得精致且慢节奏一点儿。

盖茨比紧盯着时钟的指针一点儿一点儿指向下午 4 点，黛西分秒不差地如约而至。这个时间是传统英式下午茶最正点的时间。开始得过早，会让人觉得你可能是中午没吃饱，而过晚，又让人觉得你很饿了。这真是个微妙的节点，也是“下午茶”和“傍晚茶”这两件不同的事儿在时间上的一个重要区别。Afternoon tea 也被称为 Low tea，源于上流社会通常会将优雅的下午茶摆在花园的回廊里，用低矮的茶几摆放食物，所以顾名思义。像盖茨比所准备的那样，Afternoon tea 会用银质茶壶泡茶，搭配甜品、司康、奶油和果酱，在去皮白面包或黑面包薄片上涂上黄油，里面夹着黄瓜片、鸡蛋或肝酱等。另外一种 High tea（傍晚茶）则是指在较高的餐桌上进行的 Meat tea，它是三餐的一部分，源自英国北部的蓝领和劳工阶层。对他们而言，傍晚茶等于一天劳动后晚餐前的加餐，甚至等于晚餐，通常在下午五六点进行，所食用的包括肉类、土豆、面包、馅饼、奶酪、蔬菜、茶等。这和我们所说的“下午茶”是两个完全不同的概念。

纯正主义者还会严格地认为，下午茶的茶应该仅限于印度茶或中国茶。点心也会谨慎地按照传统三层点心盘从上而下分别摆放水果挞、杯子蛋糕、司康以及黄瓜三明治。就连配司康的奶油，也必须是德文郡奶油。不过，即使在英国，如此恪守传统的老派绅士和淑女也所剩无几了，现代人更喜欢随性发挥，给传统加入新鲜的元素，让下午茶变得更轻松有趣。

我经常会在下午沏上两三种茶：伯爵红茶、中国绿茶、花草茶，或是自己用金橘、玫瑰、蜂蜜、薄荷等组合搭配出的有意思的私房茶。再准备上几种点心，除了传统的那些，也会有自己烤的巧克力布朗尼、黄油桃酥或是咸味的橄榄油小番茄配很薄的面

包片或脆饼，甚至中式的糕饼或茶点。当然要摆上最应季的鲜花做装饰，用我钟爱的 Wedgwood（韦奇伍德）的茶具，还有古董的手绘点心盘。哦，对了，必须提一下，后来我一个久居欧洲的朋友终于在一家古董店里，遇到了一只和《了不起的盖茨比》里几乎一样的银茶漏，有着精致的雕花和优雅圆润的弧线，并有着一百多年的历史，这份难得而珍贵的礼物圆了我这个“不纯正”的人一个纯正的细节梦。

与此相仿的银茶漏，我还在一个叫玛蒂娜的德国老奶奶家见过。那是我第一次去欧洲，有幸到她家用下午茶。

玛蒂娜有一头雪白的头发，穿着质地很好的灰绿色印花亚光丝绸连身裙和奶油色开司米开衫，涂着精致完美的红色唇膏。她坐在茶桌前的木椅上，动作悠缓，指挥着她的女儿——一位五十多岁的杂志女主编，一一从她如宝藏一般的茶具柜里取出那一刻她心目中最合适的瓷器。

“Royal Albert（皇家阿尔伯特），对，就是它，不，不要 Old Country Roses，它对这位姑娘来说太老气了，Polka Rose 才是她的。”她喃喃地念叨，“你看，这餐巾上的蕾丝花边是从我母亲的一套大裙子上剪下来的，这是我为了纪念她特地做的，她最喜欢饮茶。”

老太太津津乐道地给我讲她的每一样物品的典故，还有盘子里的点心——只有三条街之外拐角那家法国人开的面包房卖的这种司康最香甜、软硬适度。老太太泡上一壶阿萨姆红茶，在杯子上架上一只同样雕刻着花纹的古典的银茶漏，然后将茶水缓缓地倒入茶杯之中，麦芽香和蜂蜜、玫瑰的气息瞬间充满了空气。她往茶杯中加了牛奶和糖块，并示意我搭配奶酪会有最好的效果。“你太年轻了，可能还顾不上坐下喝茶。你想和任何人交谈，哪怕是女王，都可以从一杯茶开始……”老太太像在和自己说话，“是的，一杯茶和一块点心，能解决所有的烦恼。”

— HOW TO —

精致下午茶，精致细节

用茶杯茶壶当作花器，给下午茶特别的感觉

1. High tea 很高级吗？

High tea 并不 High，Low tea 也不 Low，如前文所说，这里的 High 和 Low 和我们常挂嘴边的不是一个意思，这里指的是高和矮。

如果你去享用的是下午 4 点开始的那种有司康、黄瓜三明治、精致小点心的下午茶，请记住，说 Afternoon tea 就好了，至于 High tea，可以指酒店里傍晚开始的丰盛的自助下午茶，不过英国人听到 High tea 的说法，总会傲娇地说，呵呵，肯定是美国人才这么说。

除此之外，白金汉宫旁女王最爱的酒店 The Goring Hotel 的酒店经理 Stuart Geddes 讲道："还有一种 Cream tea，特指的是一种衍生出来的英式下午茶，包含了司康饼、英式红茶、奶油和果酱。"

2. 茶具需要成套吗?

一个复古的下午茶茶桌可以说是餐桌布置中最精致、最有乐趣的部分了。你可以有机会展示你所有美丽的收藏，包括精美的茶壶茶杯、饰有蕾丝的餐巾、剔透的香槟杯、有着骨质或珊瑚镶嵌把柄的甜品刀叉等。一个完美的布置可以让下午茶充满风花雪月的浪漫，也是让人们彼此敞开心扉认真交流的绝好时机。

复古的下午茶茶桌从不介意茶具是否成套。你可以从跳蚤市场上寻来漂亮的古董茶杯、瓷盘或细脚香槟杯，也可以在小店或国外的拍卖商店里寻找祖母时代的勾花茶布、银质点心叉或一把维多利亚风格的茶壶，甚至可以亲手 DIY 饰有蕾丝的餐巾，并用喜欢的小花枝和丝带做装饰……你需要精心维护的只是各种物件之间统一的色调：柔美的粉色、褪色的丁香色、白色和奶油色是最受欢迎的下午茶“愉悦色调”。当你为客人斟上一杯香茶，和大家细细分享这些宝贝得来的故事，以及布置的巧思，也是打开话题的最佳方式。

3. 茶桌上的花，可以玩出什么花样?

下午茶的茶桌上可以少洗手碗或三层点心架，但绝不能缺少鲜花。花器可以用水晶玻璃花瓶、陶瓷罐子或银质的水壶，甚至还可以玩出更多花样——你看，我用茶杯和茶壶当作花器的花艺布置，是不是更让人觉得妙趣横生呢?

至于花材，就选市场上最应季的花吧，让人感受到时节本身就是一种时髦。在我“最适合白天的花朵”排行榜上，绣球一直名列第一，此外还有龙胆、蔷薇和各种浅色调的花朵。这些花无论是在早餐桌上，还是下午茶的茶桌上，都可以和精美的骨瓷杯碟相映成趣，留下一段美好时光。

4. 三层点心架按什么顺序摆放？

-

点心盘从下而上分别为：第一层摆放三明治，第二层是司康、奶油和果酱，第三层摆放水果挞、杯子蛋糕等甜品。下午茶的点心不一定都是以三层点心架的形式出现，但吃的时候是有一个顺序的，先吃三明治，再吃司康，最后再吃甜品。

5. 康沃尔奶油还是德文郡奶油？

-

选择浓缩奶油（Clotted Cream），即使英国人也争执不下，康沃尔和德文郡人都声称是自己发明了 Cream tea，其实这两种奶油的制作工艺基本相同，但口感上有微妙的差异。我国文青更偏爱德文郡奶油（Devon Cream），因为亦舒师太写过一篇叫“德芬郡奶油”的大软文嘛！不过康沃尔派和德文郡派的区别更多在涂抹顺序上，德文郡的传统是在司康饼上先涂奶油，再抹上果酱，而康沃尔则是先厚厚地涂一层果酱，然后再抹上奶油。

6. 什么样的茶点更迷人？

-

除传统的英式下午茶点外，你还可以加入一些自己烘焙的甜品和符合客人文化背景的茶点，这会给人留下深刻的印象。此外，我还有一个秘诀可以告诉你，就是自己动手装饰甜品。我的意思是，即使你没有时间从打蛋筛面粉开始烘焙点心，也可以用买来的点心，做一些具有个人特色的“装饰”。你可以用应季的水果装饰裸蛋糕、杯子蛋糕或一些派类，像草莓、树莓这些貌美的莓子，无花果、石榴这样既好看又有很强季节感的水果，都有出奇的效果，会让客人大大点赞。

7. 茶包还是茶叶？

-

永远选择散茶。是的，茶包无论是味道还是模样，都让人觉得太速食了。

只有真正的茶叶泡出来的茶味道才是最好的，但记住用茶叶一定要配茶滤器。茶叶浸泡的时间要根据你的喜好，如果发现泡上的茶不合口味，别客气，请侍者拿一个新的茶壶来，再重新冲泡，别让之前的味道影响了你。此外，茶叶不要一直泡到没颜色，不断地补充茶叶才是。

8. 选红茶、绿茶、白茶还是奶茶？

-

现在纯正的英国老绅士、老淑女也所剩无几了，你其实可以选任何茶，也可以在下午茶派对上准备几种茶作为选择。但也不得不说，红茶配牛奶才是最美味经典的搭配。

9. 什么温度的水泡茶最好？

-

冲泡绿茶，讲究的是用 85℃左右的热水冲泡；乌龙茶，用 90℃左右的热水冲泡；而各种英式红茶、花草茶，则需要用滚开的沸水冲泡。

10. 先倒入茶还是先倒入牛奶？

-

先倒茶还是先倒奶，这其实也是一直以来困扰英国人的问题。先讲个传说，故事的核心是一场“炫富”的“秀朋友圈”。那时候只有贵族才用得起精致的骨瓷，而一般人家使用的陶瓷杯子很容易遇热炸裂，所以贵族总是先倒滚烫的茶，再加牛奶，意思是，看，姐的杯子没裂。而先加牛奶再倒茶，其实是无奈之举。

98% 的英国人在饮茶时都要加牛奶，于是先倒茶还是牛奶这件事，居然要由伦敦大学的科学家们来解惑了。他们的说法是，如果用茶杯泡茶，那么泡好茶后再加牛奶，这样不至于干扰泡茶的过程，如果是用茶壶泡茶，则可以先把牛奶倒入茶杯，再倒入茶水。有道理吗？嗯，还是有的。

11. 吃三明治用刀叉还是用手？

用手将手指三明治送进嘴里，这正是“手指三明治”这一名字的由来。配茶的三明治都十分精巧，用手取食是最好的方式，但要记住，是用三根手指，而不是五根手指一起上去抓。不要用刀叉去吃一个三明治，那样看上去很滑稽。另外如果你是在家里做下午茶派对，在准备三明治的时候，夹馅别太“实在”，那不是麦当劳或者汉堡王。

12. 如何正确吃掉一个司康？司康应该掰开还是切开？

第一步：先把奶油和果酱盛到你的盘子里，以一个司康需要的量为准。记住要用公用勺子，避免相互污染。

第二步：如果你想用刀去切开一个司康，请住手！

永远不要用刀去切司康，司康属于面包类食物，要用手去掰开它。你可以按照司康中间的那条裂缝去水平掰开，如果司康个头很大，那可以再掰成一口或两口可以吃掉的合适大小去食用。这一步和第一步的顺序不要颠倒。

第三步：用你的刀子去涂抹果酱和奶油。先涂果酱还是奶油，这个问题在上面已经解答过了，其实是随你喜欢。另外，

圣诞节的下午茶，用桂皮卷和松果装饰

如果你盘子里的奶油和果酱用完了，别不好意思，再去舀一勺新的。

此外，记住，涂抹好的司康用手指拿着吃掉，而不是用叉子。

还要切记，千万别把掰开涂好黄油果酱的司康再合并起来，像吃掉一个三明治那样，那是要让人笑话的。

最后，如果你想拽一点儿，用英文点单，不要拉长司康（scone）中的“o”的音。正确的读法应该是“skɔn”。

13. 甜点叉分几种？三个齿和四个齿有什么区别？

-

先说甜品叉（Dessert Fork），是四个齿，它在外形上和主餐叉一样，比主餐叉要秀气、小巧，是和甜品刀一起使用的。比如吃手指泡芙这种需要切割的甜点时就需要用到。此外还有一种三头蛋糕叉（Cake Fork），是可以单独存在的，它本身外面的两个齿比较宽，可以把软蛋糕切下，再叉起来，所以无须配合刀使用。三头蛋糕叉适合类似巧克力慕斯这样的软甜点。

除此之外，你还可以认识一下和三头蛋糕叉长得有些像的生蚝叉（Oyster Fork），它们像归像，但和吃甜品一点关系也没有。

14. 茶匙怎么用才优雅？

-

首先肯定不能用茶匙喝茶，偶尔在咖啡馆里会看到用小勺一勺一勺舀着喝咖啡和茶的人，总觉得很尴尬。如果放入了牛奶或糖需要搅拌，请记住，别画圈似的一通搅，那样看上去不优雅，正确的搅拌方式是，把茶杯想象成一个钟表盘，搅动的方向应该是指针 6 和 12 的位置，来回搅动。搅拌时注意力度，别太使劲儿，不然会让茶匙撞上茶杯发出叮咚的声音。茶水若溅到茶杯外面，也说明你用力过大了。此外要注意的是，不要一手举着茶匙，一手端着茶杯喝茶，茶匙用完后，永远要放回到茶盘上，然后再开始喝茶。

15. 怎样端茶杯好看？

-

怎样端茶杯好看？兰花指难道不优雅吗？

是的，别觉得兰花指戏足，喝茶时，翘起小指被视为不礼貌的姿势。记住握茶杯的时候，用大拇指和食指捏住手柄就可以了，也不要将手指穿过茶杯手柄。

16. 端茶杯时，什么时候要连着茶盘一起，什么时候不用？

-

坐在正常高的餐桌边喝茶时，茶盘可以放在桌上。如果是较低的咖啡桌，茶盘要随茶杯一起，拿在手中，托到腰的高度，用来接住滴下的茶水。如果是自助茶会，大家走来走去的，也同样是这样，一手端着茶盘，另一只手端茶杯。

17. 下午茶聚会穿什么？

-

虽然你收到的不是女王的邀请，不必穿大裙子、戴帽子和手套出席，但下午茶场合穿运动服、牛仔裤和拖鞋还是不合时宜的。虽然在今天下午茶已经没有那么严肃的规矩，但你还是要打扮得正式一些。优雅的裙装、简单精致的珠宝、色调轻盈柔和的针织衫都是很好的选择。

水果和点心都是下午茶桌上的关键色彩

摄影＿袁小涵

18. 为什么一定要女主人亲自倒茶？

家里有用人，为什么要女主人亲自倒茶？即使你吃饭穿衣都有用人伺候，但下午茶仍需要你亲自参与打理。这里面有一个小典故，用中国茶招待客人在 17 世纪的英国绝对是“炫富”的重要表现。（对，其实整个下午茶都是“炫富”的表现。）那时的英国名媛贵妇们都备有一把精致的小钥匙，用来开启茶叶箱，即使泡茶也一定由女主人亲自主持，以防用人偷走茶叶。这个传统因此流传下来，虽然茶叶不再金贵，但这成了女主人显示其风范和对客人尊重的基本形式。此外，在准备下午茶桌的时候，一切都可以先摆好，但茶壶要等客人来了再端上，这会让人感觉茶是刚刚泡好的。

夏夜欢宴

每当回忆过去时，依然会想起那时的觥筹交错、推杯换盏，
那些温柔而美丽的细节，在彼此心里还会漾起，
变换成唇边的一丝笑意。

餐盘上装饰的“白牡丹”和桌面装饰相映成趣，还被客人带走继续种植

在花卉市场，被一间根雕店中堆在桌子下面的几块沉木吸引。自然的深褐色，枝角清晰，纹理生动，其中的“漏”也恰到好处。向店员询价，说这是没有加工的原材料，不出售。死磨硬泡一番，最终以按斤称的价格全部拿下。

拉着小推车才把这三条沉木从地库搬回家，擦去上面的浮尘土渣，抚摸着骨感的枝干，开始幻想它们未来的各种可能性。

寻找这些树干，缘于几天前和 Patrick 的见面。Patrick 在北京经营着一家有名的家居艺术机构和私人会所，他的会所和他本人一样，有一种惹眼、时髦且明朗爽快的风格。那天他喝着咖啡，忽然说，老几位真该聚一聚了，要不你来张罗，就在我这儿，咱们赶紧的吧。好啊，说着我环顾了一下四周，在会所二楼，有一间漂亮的天光餐厅，还有一间和开放式厨房相连的圆桌餐厅，一般来说，他的各种宴请都在这两间餐厅里进行。但过于常规的形式对我总是缺乏吸引力，于是我继续转，下到一层画廊，那里正在展出的是画家兰一的作品，其中两幅梅花格外抢眼，一幅蓝色的、一幅红色的，鲜艳的色彩和张扬的笔触在冷色调高挑水泥结构的空间中，热烈、神秘，有一种动人心魄的力量。不如把餐桌

搬到楼下来，就在这些画中间怎么样？我提议。Patrick 犹豫了一下，他说从来没有在这个位置摆放过餐桌，不过，为什么不呢？就在这儿了！

我周围的朋友都具有某种共性——喜欢新鲜独特的东西，喜欢即兴，喜欢美好的形式感。所以当我发出这场“夏夜花园欢宴”的邀请时，立刻就得到了他们热情而欢快的回应。或者说，让我们着迷的不仅仅是美食和美酒，更多的是与之相关的其他的东西——那些理所当然的邀约借口、面对面直白而不加掩饰的赞赏和惊叹、让人无负担的小小放纵和沉迷、暗藏在一杯一碟一餐一酒中对情意的珍重和表达。

当时正值 5 月伊始，立夏已过，北京的天气却反常，一直没有真正地热起来。期待中初夏的鲜花、树木、暖风、冷酒就像漫长的序曲，总也迎不来高潮。我想象着初夏夜晚于我的感觉，思考着是以一组一组不规则的透明玻璃花瓶中插放深红色牡丹来装饰桌面，还是以树木、植物、各种花草来组成大胆而神秘的花园？前者是我有把握的布局，基本的样式在脑海中清晰呈现，真实的效果也会美轮美奂。而后者是从未尝试过的想象，或者说，在没有看到那些真实的树木枝干和与之组合的花草前，一切都只是一个设想。

每次筹划朋友的聚会，我都会如此费一番心思，即使再随意的小聚，也希望让他们在不经意中感受到一些新意。可以说，这是我的一种执着，一种摩羯座特有的固执和认真。而且随着年龄的增加，越发觉得能聚在一起的朋友是多么难得。而时光易逝，经常走着走着，一些曾经很近的朋友，就渐渐走散了，但当回忆过去时，依然会想起那时的觥筹交错、推杯换盏，那些温柔而美丽的细节，还会在彼此心里漾起，变换成唇边的一丝笑意。

而晚宴在任何文化里，又都是隆重和精致的终极盛宴，发出晚宴的邀请甚至是让人心里有一点点儿紧张的，它既不像早午餐那样懒散随意，也不像午餐那样简单。菜要有隆重的大菜，甜品不但必不可少，而且最好多几种选择。Patrick的主厨和我商量晚宴的菜单——清爽的黄瓜冷汤作为开始，然后是鞑靼三文鱼和香煎澳带开胃前菜，优质的小牛肉作为主菜，之后是各种莓果和烤蛋白组合的甜品，所有的食材、搭配和色彩造型都配合夏夜主题，清爽而丰盛。

各种细节在两天内纷纷确定，而我的寻找也在走了几家花卉市场，看了很多根雕花艺，直到遇到那几条原始的沉木时瞬间明朗。对的，就是它们。一直懵然的幻想一下清晰了，美艳的牡丹在意念中灰飞烟灭，尽管当时那几条干枯的树干上落满了尘土，尽管它们脏兮兮的样子和精致的法式美食毫不搭界，但我知道，就是它们了。

“时光凋零陨落，仿佛蜡炬成灰。山川和树林，正当时，正

把晚宴餐桌放置在画廊之中，展出的画作和餐桌主题风格相称，别有一番风情

当时。”诗人叶芝笔下黛绿色的森林、花园、夏夜、仙人、铃兰花，像画面，像密码。跟随着这些讯息，继续拼凑我脑海中的幻想。

宝石花、冰灯玉露、景天科、白牡丹……这些有着动人名字的多肉植物有着奇妙而娇憨的姿态。还有非洲紫罗兰、铜钱蕨、网纹草，对的，还有一大包碧绿湿润的苔藓。把苔藓植入沉木天然而成的“漏”之中，再分别嵌入多肉和各种花草，一丛一簇，疏密有致，生机勃勃。随着一点点儿的完工，整条枯木像被魔法棒点过，瞬间绽放了生命。仿佛还缺少让它们彻底点燃绽放的一笔？是玫瑰！淡粉色的奥斯汀玫瑰有着多重繁复的花瓣，就像中世纪贵妇层层叠叠的裙摆，它们彻底激发出了这座神秘花园妖娆的魔力。当闪亮的餐具严格规整地排列整齐，香槟杯和红酒杯各就各位，蜡烛一盏一盏被点燃，洁白的亚麻绣花餐巾叠放得当，最后一朵“白牡丹”轻放在餐巾之上，一切就绪。

烛光跳动闪耀，伴着舒伯特《a 小调大提琴奏鸣曲》(D.821)，原本冷静理性的画廊被夏夜美丽的餐桌变幻出浓浓的梦幻气氛。踩着点准时到达的是李艾。认识她十几年了，从名模到名主持，这几年见到她反而更多是在电视上、照片里。她笑着指着自己的脸说，这是刚刚在出租车上才化的妆。本来素颜赴约，路上忽然刷出 Patrick 发在微信朋友圈里提前曝光的餐桌照片，惊呆了，这么美，必须“盛妆”配合呀！果然是很摩羯女的做派。粉红的香槟开启，闺密庄雅婷也到了，伊岚也到了，只要有她们在场，就会有延绵不绝的欢声笑语。和我搭档的摄影师柴利增和他的太太 Flora 也到了，这是 Flora 生完宝宝后第一次参加晚上的欢聚，宝宝到来后全新的生活让大家的话题有了更多延伸……我们一起举杯，北京初夏的夜晚依然有几分凉意，但此刻，在这张长长的餐桌旁，鲜花和芳草，正当时，香槟和笑靥，正当时。

— HOW TO —

让晚宴餐桌发光吧！

记住一个词——“奢华”。是的，奢华的晚宴总是令人印象深刻。这里所说的奢华并不是金钱上的堆砌和昂贵，而是用心。花很多时间在设计和筹备上，让每个客人感到难忘——难忘主人的殷勤和周到，难忘精彩的餐桌设计和别致的细节，难忘丰盛的美食甚至是席间或热烈或优美的佐餐音乐。所有这一切表现出主人精神上的慷慨，要知道，晚宴的餐桌不仅是一个舞台，更是主人的作品。取悦客人，同时也令自己陶醉。

这是一场在黄山举办的晚宴，用山上的竹子制成花器，给人极强的代入感

让晚宴的餐桌发光吧

毫不吝惜地使用你最好的餐具、银器、玻璃器皿吧，尤其是酒杯。当一排高低不同的酒杯摆放整齐后，蜡烛在上面反射出无数的光芒，即使再寡淡的餐桌也让人像喝了酒一样目眩起来。“讲究气氛的餐桌上，要布置许多酒杯，以便饮用精心挑选来搭配不同菜肴的各色葡萄酒。理想状态下，应该先上白葡萄酒，然后是两到三种红酒，如果你的客人值得如此慷慨相待的话。”伊莎贝尔·阿连德在她的《阿佛洛狄特：感官回忆录》里如是说。

细节的心思最让人难忘

布置一个让人难忘的晚宴餐桌并不很难，只要有颇具心思的细节。《夏夜欢宴》一篇中的餐桌上，除了枯木与花草的结合外，在其他地方，亦有很多与之呼应的细节。比如餐巾上装饰的“白牡丹”多肉，还有一些小朵多肉干脆连着原花盆里凝固成杯子状的土壤一起放进玻璃杯，与小茶蜡比肩摆放，让客人惊讶地以为是巧克力杯子蛋糕上装饰的花朵。

而另一场在黄山举办的晚宴上，我以山上随处可见的竹子作为素材，让花朵在竹子制成的花器上自由生长，给现场的客人极强的环境带入感。当玻璃材质的桌面、一排排的酒杯反射出烛光、灯光时，晚宴的气氛非常梦幻，令人记忆深刻。

在拥有很多装饰物的餐桌上，还要注意一个原则，就是保持餐桌的一目了然。客人的目光应该能从装饰物上跃过，而不应该被阻拦，比如在这些长桌上，大多数蜡烛是低矮的茶蜡或圆柱矮蜡。如果需要制造层次感，就用高挑的烛台把蜡烛托起，这样的话不会打断客人的目光。

摄影 _ 宋明

PART Ⅱ

不仅是一顿顿的饭
还是一场场的欢聚

两个人的餐桌

两个人的最好时光，就应该是香艳的、奢靡的。
所有精心制作的美食和构思巧妙的装饰，
都是点燃爱火的前奏……

在读伊莎贝尔·阿连德的《阿佛洛狄特：感官回忆录》的时候，我就一直在想，她笔下那些有着强大催情效果的“迷魂苹果”、“修女的青春”、生的或熟的贝类、野禽、好时光菲力牛排或是芦笋鱼子酱拌面，到底是在什么样的餐桌上享用的？装着它们的，是怎样诱人的器皿，花瓶里会有什么样妖艳的鲜花？摇曳的烛光下，是否是一只鎏金的烛台？覆盖桌面的，是精美的蕾丝还是华贵的丝绒？而那把用来将无花果和糖、胡桃、白兰地、豆蔻混合在一起制成的催情可丽馅饼送到唇边的餐叉，有没有温润又性感的牙白色骨把？

掺杂着这些幻想，那活色生香的场面愈发生动。两个人的最好时光，就应该是香艳的、奢靡的。所有精心制作的美食和构思巧妙的装饰，都是点燃爱火的前奏，就算肉麻点儿、夸张点儿，也可以被原谅，毕竟体内多巴胺分泌旺盛的时刻，在人的一生中全部加起来也不会比发愁的时间更多。但我那个正准备布下甜蜜陷阱网住心动男人的闺密 M 小姐还是忧愁地说，可我并不擅长烹饪啊，更不懂如何布置餐桌……但这又如何呢？千万别把自己弄成一个油头烟气实惠的煮妇。这其中的差别就像看《八方食圣》和《露西亚的情人》。况且，就连阿连德也坦言自己是个不善下厨的女人，但这并不妨碍制作春膳——没人让你去寻找无尾熊的爪子、蝾螈的眼睛和处子尿，更不需要把餐桌摆出英国皇室范儿或爱丽舍宫国宴标准。阿连德谆谆教诲。是的，在这张名为“情欲”的餐桌上所摆放的一切，外表远比口味重要，你只要有几个唬人而讨巧的菜谱、几件精致漂亮的餐具和满满的爱意就足够了。

确实有些东西，天生就是性感的。昏暗的灯光，或者仅仅留下烛光，就算再木讷的人也会明了心意了吧。温暖的质感和颜色总是让人容易动情，比如暗红色、暖紫色、粉色和橘色，用这些色调的轻薄羊绒或者有立体浮雕感花纹的织物铺在桌面上，任何一张餐桌都可以摇身一变，香艳起来。那些冷冰冰的极简设计和黑白灰色调，不知道能不能激发艺术家的激情，但稍微有点儿华丽感，且不艳俗低廉的东西，却总能让人的肾上腺素不由得升高。金色的刀叉，装着琥珀色香槟的华美古董水晶杯，盛放生蚝和贝类的银色托盘，还有花瓶里盛放的花朵，不是雏菊也不是绣球花，而是属于夜晚的牡丹或玫瑰，它们都有种丰腴而性感的美。这样餐桌的女主人，想必也是软香宜人的吧。

至于桌上的食物，就按照阿连德写的去做吧。苹果是诱惑的象征，鳄梨能激起内心的情欲，草莓、樱桃、葡萄和无花果都是性感的，咬上去柔软多汁的口感和娇艳鲜嫩的颜色，仿佛带着某种暧昧的隐喻。鱼子酱和任何海鲜贝类都是催情的圣物，其实所有食物在她的笔下都有催情的效果，而且简单容易烹饪。最后别忘记“这场情色大宴的 happy ending（完美结局）”——甜品。巧克力就很好，阿连德毫不掩饰地指出，巧克力酱的催情效果在于在情侣手指上舔舐的感觉，不过她亦狡黠地提醒你，如果真想这么做，最好把酱涂在自己身上，这样可让对方把卡路里吃到肚子里……

即使非常奢靡艳丽的桌面摆设，也要保持整体风格的清爽和随意，这样才不会做作和让人因“用力过猛”而感到难为情

对不知如何以情欲餐桌的布局网住男友的M小姐，我最终决定送给她这本《阿佛洛狄特：感官回忆录》，当然，作为闺密，我也借给了她尽量多的华美餐具并亲自示范摆放秘诀。在她和心上人约会后第二天的中午（显然起得很晚），M小姐便兴奋地来汇报了——

他敲门，房门打开看到的就是客厅里点了蜡烛的餐桌，上面有爱马仕羊绒披肩华丽客串的桌布和用红玫瑰与樱桃巧妙摆放的花饰，他的眼神立刻就变得充满赞赏和温存了。

我还照你吩咐，买了Baccarat（巴卡拉）水晶红酒杯，好在就需要两支啊，要不真的破产了，但这东西真的提气！让他对我的生活格调刮目相看。

菜完全是按照书上来的，用虾混合白葡萄酒、月桂叶、柠檬片和海盐，把腌渍好的大虾戳在牙签上，摆放在装饰了薄荷叶子的银盘里，他一下就被这道菜美艳的外表迷惑住了。

然后是装在纯白色浮雕纹路汤碗里的超级春宴的奶油迷魂汤。在吃卖相奢华但制作超级简单的龙虾大菜时，他已经有些心猿意马了……

当然，还有甜品，完全没有技术含量的巧克力慕斯配性感树莓，在我用手指沾了送到他唇边之前，并没忘记把那本《感官回忆录》更深地往床底下踹了半米……

一切都完美极了！

只是……

只是什么？

只是，当一切尘埃落定，硝烟散去后，我处女座的强迫症发作了。整晚都在他身边无法入眠……想的是我那120支纱埃及棉贡缎床单上的巧克力酱和酒渍到底能不能洗掉啊……

— HOW TO —

把性感的味道布置出来

无数人问我，到底有没有催情大餐这回事？

一方面文艺作品总是以令人春心荡漾的手法去渲染食物和烹饪之于情欲的魔力，另一方面医生们又以冷冰冰的语调科普着——没有用的，放心吧。这可能就是传说中梦想与现实的差距吧。

《阿佛洛狄特：感官回忆录》的作者伊莎贝尔·阿连德虽然在书中林林总总地列举了无数的催情蔬菜、催情香料、催情水果、催情禽类、催情海鲜，但她也在一开始的章节里就坦白地做了声明：世间唯一真正万无一失的春膳只是爱情。是的，能让食物瞬间变为催情魔法的只有真正的两情相悦。“全世界没有一样东西能阻挡热恋中人炽烈的激情”，阿连德追忆她的继父，在贫穷简陋的公寓里，想尽办法为和她母亲的“私密时光”创造条件——他给台灯裹上丝巾，调好点缀着红樱桃罐头的神秘鸡尾酒，做好堆满鱼子酱的吐司片，用古典音乐来掩饰激情的低语和呻吟……一切美妙的食物和布置，都是爱的助力和催化剂，希望这一切，在某些甜蜜的时刻，可以犹如你心底爱的烛火被点燃。

“性感”的味道可以布置出来

关于性感的定义很多，怎样都可以达到目的，但我还是要说，华美也许和性感的距离最近。用暗色调衬托宝石般闪耀的色彩，寻找有奢华质感的桌布、餐具和烛台，纤细娇贵的水晶杯，这些都可以直白地表达性感和情欲。而其中餐刀和水晶杯是最值得投资的部分。它们可以让饮酒和用餐整个变得不同，也让女主角的格调更高贵，关键是，两个人的餐桌，只需要准备两个人用的，这又不会让你破产，对吧？

红玫瑰会不会太俗气？

红玫瑰说，可这不是我的错啊！确实，说红玫瑰俗气，其实只是它被人类搭配得俗气了，它本身的美和寓意，无可取代。我知道你也不喜欢那些满天星加上粉百合加上红玫瑰的搭配，不要那样，其实只要一两枝，无论是斜插在花瓶中，还是把花朵摘下来与水果重新组合成小花饰都别具心思，可以立刻让俗气变成灵气的装饰。

惊艳，也要显得矜持……

华美不等于繁复。用充满细节装饰的餐具、饰品，但整体要保持简约和随意的感觉。这里面有两层意思：一是从视觉风格上，越是华丽的用具越要用清晰明快的摆放方式和线条来衬托，才不会感觉 too much（太过）。二是为节省时间，花太多的时间在做饭或摆放餐桌上，都不是情欲餐桌的最终目的，而且，用心于餐桌，可以让他感到被重视被暗示，但同时那份妙不可言的漫不经心，能帮你保住矜持，不会显得“急吼吼”。

— HOW TO —

蜡烛是白日的焰火

“烛光晚餐”在我们的意识中有点儿被矫情化了。它并不应该是二人世界煽情的专利，而是在与朋友的每一次聚会中，无论室内还是室外，无论是否配合其他灯光使用，都是一种最好的调节氛围的照明方式——不仅能照亮餐桌，衬托饭菜和人的面容，而且当客人看到餐桌上摇曳的烛光时，还能感受到主人的热情和期待。

那么白天能不能使用蜡烛呢？答案是当然可以。毕竟蜡烛存在的意义早就脱离了照明的基本功能，而是根据心情、光线和气氛而使用的。当然，在白天，你也尽量不要用那种很大型的枝状烛台，因为那样会显得有点儿夸张。小茶蜡、小蜡烛座和单只的高挑烛台，都会显得更轻松随意。蜡烛和灯光配合的最佳平衡点便是“不亮也不暗”，这需要不断地尝试，根据季节、时间、光线的不同。那些台灯、落地灯或墙壁上的侧灯都可以配合蜡烛使用，对餐桌唯一有杀伤力的是房间内的顶灯，一旦将它打开，桌上的一切一览无余，一切变得简单粗暴。

可选择的蜡烛种类实在太多了。那些古典的枝状烛台可以和小茶蜡配合使用，制造高低不同的层次感。小茶蜡不仅可以放在蜡座里，也可以放置在任何可爱的容器中（但要注意别被点燃或爆裂）。传统主义者喜欢在餐桌上用乳白色的蜡烛，而且不喜欢锥形的蜡烛。彩色蜡烛在时髦的聚会中配合桌布或鲜花使用有出奇的效果。在使用蜡烛时，只需要记得两点：和桌上的鲜花一样，烛台要么足够高、要么足够低，不要让它遮挡入座后的用餐者交谈的视线。另外就是，芳香蜡烛永远不要出现在餐桌上，它的气味会打搅食物的味道。

— HOW TO —

请买你买得起的最好的杯子

当举起酒杯的刹那，手中感受到的分量和质感，轻轻碰撞时发出的声响，瞬间让一顿饭的格调变得不同。不管是 Saint-Louis、Baccarat，还是 Riedel、Rona，它们除了代表梦幻，还代表不菲的价格。但如果你认为喝一杯就能让一天变得美好，那么请购买你买得起的最好的杯子吧。当你想到，餐桌上的水晶酒杯，就像女人脖子上的珠宝，不仅可以让整个人都变得熠熠生辉，还可以代代相传，那便可以说服自己，哪怕两支两支地开始收集，这肯定是一件不会让你后悔的事。

玻璃器皿可以给平放餐具的桌面增加高度、层次和亮点，是一个成功的桌面布置的关键。而且精彩的玻璃制品永远都不嫌多。无论是一只简约设计的现代水杯，还是 17 世纪经过吹制雕刻而成的高脚酒杯，都能找到适合的餐桌风格，与其他餐具搭配得默契而出彩。除了那些昂贵的高级货，也可以去跳蚤市场寻找一些古董玻璃杯，不必成套，一两支华丽复古的杯子就足够让整个桌面变得与众不同。

你还可以灵机一动，用酒杯做花器。一排小巧的平底杯，装上简单的一两朵花，就能成为可爱的焦点。当然，用鸡尾酒杯装各种甜品也是不错的主意，无论是布丁或草莓慕斯，还是葡萄和鲜虾做的开胃小食，都是优雅又美妙的装置。

走吧，野餐去！

藤编的篮子、格子花布，再装上满满的食物。
太阳状态有点儿不明，有时阵雨，
阵雨就阵雨吧，正好躲到树下，听听雨滴敲打树叶……

摄影 _ Kay.DM

CHAMPAGNE

我认识一对酷爱野餐的夫妇，他们会仅仅因为下午刚出炉的点心格外香甜，便兴奋地从冰箱里拿上奶酪，带上切好的水果蔬菜，调好拌沙拉的酱汁装在小玻璃瓶里，再在路过青龙桥三岔口的西贝莜面村时，打包上一份《舌尖上的中国》里提到的传奇黄馍馍和凉皮酸奶，在颐和园5点停止售票前的临界点冲入北如意门，沿着西堤漫步，看昆明湖上的晚霞，在小山坡上野餐，直到闭园才离开，享受清清静静的小时光。

野餐就是这样，无论是去海边、树林、河畔，还是只在家附近公园里的草地上，揽上藤篮，说走就走。没有要求，没有难度，只要有美味的食物和好心情、好天气，就足够了。

即便是在北京，在春天沙尘暴、夏日桑拿天，还有雾霾和污染的夹缝中，我们一样享有野餐的乐趣。确实，我们生活在不那么美好的环境中，但如果你不打算马上离开这座城市，就必须找到它的可爱之处，否则，了无生趣。就像丰子恺先生所言：你若爱，生活哪里都可爱。你若恨，生活哪里都可恨。既然无处可躲，不如傻乐。既然无处可逃，不如喜悦。

颐和园便是这样一个让人喜悦的地方。3月、4月，柳条返青、

草色渐绿。昆明湖的水波早就荡开了，满满一池，温柔沉静。此时，把野餐布铺在湖畔的大草地上，一边喝着去年冬天自家酿的玫瑰草莓小酒，一边吃着酱肉、烤鸡肉卷，还有用春天刚刚摘下的嫩菠菜苗、小黄瓜仔和圣女果做成的沙拉和糯糯的新豌豆做成的饭团子，一边体会着春日的颐和园——从“草色遥看近却无”到“嫩蕊商量细细开”再到“满园深浅色，照在绿波中”，这些诗句会慢慢从心底忆起，就像那些含苞待放的花枝，等待着一个被开启的讯息。

到了6月的下旬，夏日开始繁盛到极致。天长而夜短，暑气升腾。不过这也是莲花盛开的好季节。一定要起早。四五点出门一点儿不过分，趁着清晨的凉意，骑车到圆明园，无论从绮春园

宫门进园还是从长春园东门进入园内，都可以立即欣赏到满池的荷花。这次不一定提藤篮了，也可以用一个轻便的中式或日式印花布的小包裹，带上易泡杯和小茶碗，带几样点心——稻香村的就不错，还有装着滚开热水的老式保温瓶。湖畔赏荷花，喝茶吃点心，在暑气和人气上来前迅速离开，美好的一天都会留住那份挥之不去的清香。

北京最好的时候，是9月到11月之间。天气也仿佛这里人的性格，绝不拖泥带水，暑气说没就没了，又可以抓紧时间到户外去大肆野餐，这一切完美得仿佛寒冷来临前的恩赐。到菜市场里挑一些这个季节特有的水果，像“玫瑰香”、大柿子，还有大枣，这些水果甜香得能让人直接回到童年。还有刚收获的南瓜、

在家附近的公园里野餐，从小叶子四个月躺在毯子上玩耍，到她两岁多奔跑于林间，她爱极了这里的阳光、树叶和土地上奇妙的花花草草

摄影 _ 黄鹭

栗子、红薯。无论是煮一锅浓浓的奶油南瓜汤放进保温桶，还是来一款松软的栗子蛋糕或简单的烤红薯干儿，这些秋日的食物会让人幸福感爆棚。另外把那些高热量的美味也名正言顺地拿出来“御寒”吧，香浓起司球、红糖香蕉马芬、核桃酥、巧克力布朗尼，还有炸猪肉丸子、酱牛肉或是一份鳗鱼饭，带着它们去金山岭或黄峪口登山赏叶，看被秋色遍染的树木、山坡和湖水，那份静美和绚烂让人如临画境。我曾去过黄花城那一段水长城，长城断壁苍凉，下面是水库的碧波，如果赶上雨水丰润，满满的水会漫过堤坝，轰然泄入千尺之下低洼的溪槽。可以赤足沿大坝走到长城下，攀岩而上，在平地上农户搭起的凉棚下驻足，付几块钱，租一张木桌、几把铁椅。翠绿色印花桌布铺开的瞬间，立刻觉得野长城也不再荒凉。打开藤篮，里面要有一瓶香槟、几只长脚玻璃酒杯，湖面上有人荡起木舟，长城上草木间的虫鸣隐约，夕阳渐暖，这样的野餐野酒别有一番滋味。

然后就到了漫长而寒冷的冬季。很少有人能想象，这个时候也可以出去野一下？但如果哪天你看到窗外冬日暖阳闪耀，或忽然漫天飞雪，还真可以即兴去“撒点儿野”！

记得一个冬日的清晨，拉开窗帘，被眼前突如其来的大雪震撼，迅速呼朋唤友，装上高度数的烈酒、带上川味麻辣牛肉干儿，还有切成片的火腿、用手捏着吃的绿葡萄干奶酪块儿和巧克力坚果意式脆饼，一壶滚烫的咖啡，最最重要的是还要有一个电热手暖炉，抱着它，站在辽阔的野鸭湖畔，整个冰湖被白雪覆盖，在阳光下闪闪发光。远处是燕山山脉灰色的剪影，岸旁是被雪花勾勒出明暗的深深浅浅的草木枝柯。看着孩子们捡来了树枝，一人一根，在雪地上写写画画，然后又一起跑去堆雪人，用小铲子把雪扬上天空，仰着红彤彤的小脸，等着雪花落下。此时，喝下一口同样冰凉凛冽却会在身体里燃烧的伏特加酒，让白色的哈气在唇边蔓延……

叶子和小兔子（右），一起野餐一起长大的小姐妹　　摄影＿曾焱冰
一只结实漂亮的藤篮和搭配草地的野餐布，给野餐带来最大的仪式感

— HOW TO —

漂漂亮亮，席地而坐

每次出去野餐提着一堆家伙什儿，都被“抨击”太作了，但是不漂漂亮亮的，和旅行团席地而坐有什么区别？万一刚铺开摊子，老大爷就过来问西红柿多少钱一斤可咋办？

你看到的这些漂亮的照片，都是和我的“野餐搭子们”一起凑成的美好画面。俗话说，罗马不是一日建成的，野餐盘盘杯杯、食物点心花朵毯子，也不是一个人就能背得动的。对我们这些“作女”来说，完美野餐的第一要素是有志同道合、三观一致（都乐于背东西）的朋友啊！

摄影 _ Kay.DM

怎样布置一个野“餐桌”？

在19世纪中期，马奈（Manet）和莫奈（Monet）一人画了一幅画，都叫《草地上的午餐》。这两幅画从题材到构图都如出一辙，区别是女主角是否穿了衣服，但我提到这两幅画，只想让你留意一下他们野餐毯上的物品：与环境和人物着装色调和谐的野餐布，藤编的篮子，葡萄酒，酒杯，精致的碟盘里装着松软美味的蛋糕、面包……

虽然对现代人来说，轻巧和方便实用是野餐餐具的要点，但这不意味着你非要去用那些丑陋的一次性餐具、塑料桌布和盘碟。那不光让你看上去不够优雅有腔调，也会被人指责不环保。当然，在没有男仆和马车的情况下，你也不必把最贵重的瓷器都搬到草地上来，总有些实用又好看的东西可以选择，比如Vintage的搪瓷——轻、不会破损，而且复古又好看。

另外一些来自宜家或花卉市场货架上的便宜、轻巧的玻璃酒杯、瓶子什么的都非常方便，就算不小心坏了也不会太心疼。当然，木质、椰壳或竹子这种天然材质的餐具也是非常好的选择。

所有这些东西凑在一起，看上去难免杂乱无章。这就需要你用布置餐桌的审美和技巧去对付这块野餐布了。先确定一个主题，这可以是某一种色调或风格。根据这个主题选定野餐布，其他的餐具则从野餐布里挑选能呼应的色彩。如果是海洋风，就选蓝色和白色这样的地中海色调做主打。如果玩20世纪七八十年代的复古风，则可以用一块偏暖色调的格子餐布，然后配上搪瓷杯子、金属饭盒和保温水壶来装食物。若是秋日野餐，就多用些暖暖的橘红色点缀、用同样大地色调的针织野餐毯来营造暖意，另外一小束雏菊也会让人立刻融入氛围。总之，不管你有多少创意，只要记住：抓住一个“亮点”，就不会凌乱。

野餐，也要舒服一点儿……

对一场成功的野餐，舒适性是非常非常重要的。野餐的营地要选在有遮挡的树荫下，或者干脆支一个帐篷或简易的凉棚。低矮的小树枝或简单的支架和一大块轻柔的薄纱布就能做到，一点儿也不难。另外地面不要太潮湿，野餐毯尽量能有防潮功能，但如果你偏爱轻柔织物带来的古典感觉，那就准备一块防水布悄悄垫在最下面。当然，如果你车的后备厢还有空间，带几个柔软的靠垫也很有必要，或坐或卧，在树荫下看看书，都会让人觉得体贴备至。如果有年纪大的人一起野餐，那别怕沉，带一把折叠椅或板凳给他们吧。

野餐吃什么？

野餐的餐单其实相当不设限，可以走西式路线——鸡蛋火腿三明治、烤吐司、德国香肠、意大利火腿，还有瓶装的提拉米苏和各式各样新鲜的水果，制作简单，方便携带，摆出来又好看。你也可以尝试“东瀛风”，寿司、鱼生是野餐中最受欢迎的食物之一，因为它们的美味，恰恰非常适合冷食。

带中式的食物去野餐，往往总让人觉得有一点儿难度。汤汤汁汁容易洒漏，食物变冷又影响味道。但其实这也是偏见。小时候春游，妈妈给我们塞到书包里的五香茶叶蛋、卤味豆腐干、酱牛肉都让人念念不忘。有一次去野餐，我的一位医生朋友居然带了一大份朝鲜冷面！她把调好的汤汁装进大瓶子，切好的苹果片、梨片用盐水浸过装盒，还有酱牛肉片、黄瓜丝、辣椒酱、香菜碎、辣白菜、煮熟切好的鸡蛋，这些被她以医生井井有条的姿态分别装在一个个小巧的便当盒中，毫无意外，她的冷面成了当日最受欢迎的食物，被一抢而光，一滴汤都没有剩下。

饮料带什么好？

每次野餐，我们都会带上一支香槟，即使爬长城也不例外。此外，一些甜酒、罐装啤酒和咖啡、果汁，也非常适合。自制饮料在野餐的时候相当出彩，比如自制水果饮、香草蜂蜜水或独特风味的茶饮。这时候用好看的瓶子装起来就显得格外重要。宜家的玻璃瓶就很好啊，它可以用来分装每人份饮料、酸奶，比杯子更方便，不会洒漏出来。此外，用保温壶装一大壶热茶，会特别受欢迎，毕竟在春秋天的户外，喝一口热乎的东西，非常暖心暖胃。

野餐也要带花吗？

嗯，怎么说呢，如果你希望你的野餐看上去美美的，充满情调，那带一小束花就很有必要。像雏菊、薰衣草这种不容易凋谢的花是绝对的首选。但实际上，很多如鲜花一般具有装饰作用的材料，也是可以在野餐地寻觅到的——春天的青草和野花扎起来非常漂亮。秋日的落叶撒在野餐毯上，比花来得更加灿烂多姿，还有野果子、树枝，甚至海边的贝壳和石子……是的，融入自然，充分发现自然中的美，不也是我们出去野餐的目的之一吗？

在长城上，在海边，在湖畔，野餐伴随美好时光

摄影＿曾焱冰

一起等待的春日

一桌人各自默默滑手机的局面像北京的雾霾天一样灰色、压抑而令人沮丧。
但在这样一个等待春日的午餐桌上，
有美丽的鲜花、可口的食物、漂亮的餐具，
谁又愿意去对着无聊的手机屏幕呢？

就像路边采来的小花，不用费心打理，随便插在瓶中就好了，轻轻松松

窗外是北京2月末的天气，依然灰色寒冷，却暗暗酝酿着巨大的暖意。收音机开着，池子里各式各样碧绿、嫩黄，还有莹红的芽儿、尖儿、果儿，都已经冲洗干净，鲜嫩地滴着水，瓦罐里的素高汤也已经突突地冒出了清香的热气，肥美的鳕鱼已经被腌制了整整一天，等待着被推进热热的烤箱，滋滋地冒出油泡儿。此时的小叶子正在她的小床上安静地睡着，这小小的婴孩似乎知道一会儿即将来到的热闹，于是悄悄把觉都提前睡好。

这个季节，在菜市场和花卉市场里，都有了大批的鲜货。刚冒芽儿的小菠菜，幼嫩的叶子和粉红的根楚楚动人，顶着黄花儿的刚刚长出的小小黄瓜即被摘下，让我家阿姨看到直说作孽。还有水灵的芥蓝、鸡毛菜、豌豆、春笋，一派生机盎然，让人看了便想微笑。花市里也一下丰富了起来，洋牡丹正当季，颜色不下十几种，龙胆依然清新，还有新见到的绿色的康乃馨、近乎灰白色的银叶菊，让流连其中的我，久久无法确定自己的心思。

平时很少有机会可以在午餐和大家相聚，中午从来都是属于匆匆忙忙的简餐或与同事之间的联络。双休日的聚会也常常为了准备得更充裕而选择晚餐，但这样的季节，这样一个等待春天的

时刻，我脑子里出现的画面是明亮的——花儿在阳光下呈现出它们最美的颜色，所有的食物也都在自然的光线下，经过精致的烹饪，让每个人感受到蔬菜的新鲜碧绿、烤肉的焦香肥美。

今天来的客人除了老友细毛、尹齐一家，还有新朋友——协和医院的张羽医生和她可爱的小女儿。要在以前，我们可能几乎没有什么机会相识，但微博真是个好东西，因为同爱旧货、爱瓷器而聊到一起，直到相约围坐在一起吃饭、面对面谈笑。她在微博上的名字是“协和张羽”，一张头像有着很专业的笑容，让人平生敬畏。当门铃被按响，开门的一瞬间看到，她本人比照片上漂亮、生动很多，医生的威严不复存在，那一刻，更是一见如故。

小女孩们自然地跑到一边去玩儿了，完全不用操心和照顾。香槟起开，一道道菜上桌，话题也随之而来。平日大家太多时间在网上了解社会和生活，用键盘与人交谈，在餐桌上也常常出现一桌人各自默默滑手机的局面，那感觉像北京的雾霾天一样灰色、压抑而令人沮丧。久而久之，人变得枯燥而麻木，似乎忘记了怎么与人面对面的交流，而恰恰是面对面地聊天，感受对方的语言、神态和各种微妙的信号，才能激活人的生动和新鲜。我们的话题从网络上下载到饭桌上，就像走进了一座熟悉的城市，却因为与友人同游，惊讶地发现了更多有趣的角落……阳光一点儿一点儿诱进玻璃窗，在屋里绽放，落在盘子里、茶面上，在刀叉交错间跳跃、闪耀，然后又悄悄地溜走。

餐桌上明亮的黄色和粉色的洋牡丹灿烂美丽，花朵图案的餐巾和玻璃杯让人心情也亮堂起来。看到装饰在餐盘里新鲜可爱的小萝卜，每个人都不禁发出惊叹，仿佛一下被带入了有视觉和味蕾双重感受的春天——春心荡漾，正是今天餐桌的主题。吃的菜也是素，且新鲜清淡的。但这一餐，准备的时间却比以往任何浓油赤酱的大鱼大肉都要更长。那些小嫩芽儿、嫩叶儿，一根一根地择净和清洗，还有用七种蔬菜慢煲四个多小时的素汤，上好的

明亮、明媚，是春日餐桌的主调。桌面上摆放一些现成的食物，让餐桌布置更加完整，具有欢迎的气氛

鳕鱼也用简单而神秘的私房酱料腌了24小时。烤好的鳕鱼肉嫩且紧致润滑，焦香入味，被细毛和尹齐这样的品遍全球美食的刁嘴评为“最好吃的烤鳕鱼”。另一道大受美赞的菜是头盘的桂花梨汁浸樱桃番茄——小番茄去皮，用梨汁和桂花酱腌渍一天以上，出来的除了樱桃番茄本身的味道外，还有淡淡的桂花香和梨的清新气味，放一颗在嘴里，润润的，从舌尖到心脾。在这个“糖拌西红柿”的速成时代，已经难得有谁乐意用24小时的耐心，去等待一个个小番茄的美丽蜕变了。然而至少在我和我的朋友这里，花时间用心思去做一道菜，用它来表达某种爱，是真的快乐的。

培根烤金针菇出炉了，色相红亮味道喷香。培根的油和咸鲜味儿被热力渗入到金针菇中，简单的食材搭配在一起，经过最简单的烹饪，往往效果却很好。尹齐望着盘子直搓手。他当时正患过敏性哮喘，几乎失语，被医生禁了酒肉。他哑着嗓子请求细毛帮他抽出一些培根里面的金针菇。一旁的张羽看不过去了说，你吃点儿肉吧，没事儿。话音没落，尹齐立刻遵“医嘱”。管她是什么妇产科的医生呢！

— HOW TO —

餐桌上的四季

四季的轮换，是自然的馈赠，无数文学、艺术的创作灵感都来自季节的变换。在生活中更是如此，人们越来越注重遵循自然规律，无论我们穿的衣服、吃的食物、采买的鲜花，还是家中布置的色调和材质，都乐于跟随季节的指引。这也是我们餐桌布置的重要思路，用当季的蔬菜、水果、植物与花朵来丰富和美化餐桌，创造出独一无二的风格。

摄影_袁小涵

春天，萌动着勃勃生机

-

万物复苏的春天，给人无限活力和憧憬，这时候，嫩嫩的一切都那么讨喜，让人情不自禁地微笑。中国人喜欢踏青，吃青团；外国人画彩蛋吃糖果，庆祝复活节，这些都是对春日的欢庆。

此刻的餐桌，你尽可能多用那些嫩嫩的色彩吧——嫩绿、鹅黄、浅浅柔柔的粉色、蓝色。我们也可以从一些节日中汲取灵感，如复活节的经典元素就是嫩黄色、发芽的树枝、小鸟、小鸡、彩蛋、糖果等，即使不是为了庆祝这个特定的节日，但当我们把孕育着生机的树枝插入大花瓶中、连根一起栽种的风信子、郁金香摆放在餐桌上、把餐巾的色彩换成嫩绿色、把仿真小鸟和花束配搭在一起时，都会强烈地感受到——春天，扑面而来！

夏季，引爆绚烂的色彩

春天的绿和夏天的是那么不同，更浓郁、更有爆发力，缤纷的色彩也更迷人眼帘。

芍药花、绣球花、荷花、大丽花……多用这些艳丽的花朵吧！芭蕉叶、龟背竹、八角金盘，这些大型的叶材可以带来热带风情和夏日的清凉感。再添一点点儿金色的杯盘餐具，像阳光一样炫目，点缀在浓郁的色彩中，真的可以让餐桌发光。

摄影 _ 袁小涵

秋日，孕育着浓郁

暑去凉来，自然界的颜色从浓郁的绿色渐渐变成黄色，再到深红，娇艳的花朵也被那些丰盈饱满的果实盖过了风头。秋日，最有季节代入感的素材不是花朵，而是果实和落叶，是南瓜、柿子的橙黄、石榴醉人的红、落叶的黄与斑驳，这些自然带来的色彩，让人无法抗拒。

用季节性的蔬菜和水果布置餐桌，是既环保又不浪费的做法，这些蔬菜水果在布置任务完成后，还可以吃掉。甚至当客人们落座后，就可以边聊天边把餐桌上的“道具”吃掉，气氛多好！

摄影 _ 袁小涵

用葡萄、石榴、柿子等秋日水果结合花材，布置出秋日的盛宴

摄影 _ 袁小涵

摄影 _ 曾焱冰

冬天，晶莹世界中的美

-

白色的雪、晶莹的冰与泛着银色光泽的湖面，在冬日的萧瑟中蕴含着低调的美感。用白色、银色和透明的水晶创造出冬日色彩。

我布置过的最有趣的冬日餐桌，是用棉花糖穿成了串儿，悬挂在餐桌上方，像雪花飘落，这不仅给人们带来强烈的视觉上的惊喜，也在走入室内的瞬间，闻到了浓郁的甜香气息。桌面的花朵是白玫瑰和满天星，还用细细的糖霜做出了下雪的效果，餐桌布置其实就是一个游戏，将想象力和一些经验结合，总能创造出意想不到的效果。

摄影 _ 曾焱冰

节日，大家一起快乐

记忆中食物的味道渐渐模糊了，
但那些餐桌上无处不在的浓烈色彩，
却一直被生动地储存在大脑深处。

清晨的大雪扑打在车窗上，雨刷器奋力地刷着，发出哗哗的响声。2009 年的 10 月 31 日，万圣节前夕，北京意外地飘起了大雪。在花卉市场和菜市场，找到了红色的火龙珠和玫瑰、黄色的大花蕙兰，以及小金橘、玉米、红梨等一大堆原本毫不相干的蔬果，将它们“跨界”组合后，变成了两棵奇妙的花果树。将它们摆在长条的餐桌上，配上橘色的烛台，气氛浓得出奇，尤其在这白茫茫的大雪天，很温暖。

第一次在万圣节请朋友来家里晚宴，来的都是和我要好的姑娘们。她们有的打扮成了歌甜人美的 20 世纪 80 年代歌后，还有的则摇身一变成了有着尖尖耳朵的性感小野猫。桌上的大餐从暖暖的南瓜汤开始，到超级万圣甜品拼盘结束——我亲手做的草莓慕斯配黄桃树莓、杏仁瓦片，还有不可缺少的奶油南瓜派、涂了橙色糖衣的曲奇。

即使记忆中食物的味道渐渐模糊了，但那些餐桌上无处不在的浓烈色彩却一直被生动地储存在大脑深处。那一夜，如果从夜空看过来，在一片白茫茫的夜色中，一面透出浓烈橙色光芒的窗后，从里面传出的欢声笑语在夜空里回旋。透过窗户，可以看到

无处不在的橙色是万圣节的标签，丰盛、繁复而热烈的装饰是节日最好的表达

当时桌上蜡烛的火焰因众人的大笑而抖动，看到大家频频举杯，一瓶香槟没了，三瓶红酒没了，两整瓶瑞典绝对伏特加也没了，还有在各种广东话、上海话、闽南话、北京话的背后，那些喝高了胡言乱语的姑娘们……

时隔一年，在同样的餐桌上，万圣节的气氛却完全不同了。依然到处都是主打的橙色和黑色，但多了给小朋友的多层糖果架：第一层是橘子味的软糖，第二层是黑色的甘草糖，第三层是金灿灿的巧克力。黑色的餐巾叠成三角形状，在餐盘里对角摆放，放眼望去像南瓜人巨大的牙齿，还有餐巾上面点缀着的小鬼脸南瓜巧克力，格外俏皮。同样南瓜造型的还有分散在房间各处的纸灯笼、蜡烛，以及布偶，虽是万圣节却更应该被称为南瓜节，因为它被布置得那样有趣而可爱，是一个为孩子们准备的节日。小樱桃和小方块儿，两个蹒跚学路的小女孩儿，在她们人生中的第一个万圣节吃到了甜蜜的糖果，还记住了南瓜的笑颜。

圣诞节的记忆则锁定在了小叶子出生的那个冬天。

期待、疼痛、欣喜、忧郁、焦虑、幸福，一个婴儿的来临，让人生变得与前不同。所庆幸的是，生活不存在天翻地覆的改变，我依然是与过去相同的我，喜欢花朵、喜欢朋友、喜欢漂亮的细节、喜欢一切形式感动人的东西。那时候，唯一困扰过我的，是一种力不从心的惶恐。刚刚生完小叶子一个多月，我过去轻而易举做到的瑜伽动作，在那时却成了难题。身体和气力上的羁绊让人有些忧郁，但我知道，这要靠内心的力量去击溃，恢复完全的自己，变成更好的自己。

发出圣诞节午宴的邀请前，是下了半天决心的。太久没有动手做饭和操办聚会了，家里又有了新的变化，新成员的到来让空间变小、杂物增多，但就在翻出各种收藏的杯碗盘碟、买到了新的桌布、列好了菜单的一瞬间，我好像又满血复活了。

生命在于折腾，不折腾的时候永远不知道自己有多少能量。

从网上订了各种圣诞装饰物，给每个人选择圣诞礼物。从我的花艺师那订来鲜花。摆好盘子刀叉，给水晶香槟杯斟上琥珀色的美酒。为小叶子穿上红红的节日新衣……一切都还是那么美好。在设计菜单时，就想好以简单快捷为原则。头盘是最容易的酸奶油酱配烟熏三文鱼、两种火腿、经典拌菜，然后有多米诺骨牌烤土豆、柴鸡汤娃娃菜，有圣诞气氛的蜜汁烤小排、海盐煎大虾。最后是我拿手的香甜浓郁的圣诞巧克力蛋糕配英国伯爵茶。这些全是多次做过的，对我这个当时刚出月子的产妇来说，是给自己找了一条轻松之路。

那个中午，冬日的阳光毫不吝惜地洒满了整个房间。北欧风格的红色花纹桌布明快而热烈，被我反过来用，不会太抢了美食的风头。餐盘里装饰的松枝很有圣诞气息，从圣诞老人的故乡芬兰背回的驯鹿烛台也终于等到了这个节日，还有银色的蜡烛杯和瑞典的水晶酒杯，一切都显得丰盛，并带着小小的华丽。此时已经快三岁的小樱桃跑去和一个多月的小叶子说着只有她们才懂的话，我和朋友们聊着天，产后与世隔绝的疏离感和小小的忧郁感一扫而光。所幸，我拥有这么多美好的朋友，他们对待生活的从容对当时的我而言是最好的强心针。这些人从来没有输给过繁忙、平淡、压力和疲惫，不仅顾及事业和孩子，更让生活的趣味，自身的完善从未遗失。或许生活从来不是只有漂亮的颜色，但他们总能从中提炼出最亮眼的色彩。

在这之后，还有过无数次的节日。无论是摆放着 LANVIN（朗凡）穿红裙的跳舞娃娃、金色盘碟的华美新年晚宴，还是充满生机与嫩黄色的复活节餐桌，或是有着传统味道的、以红色与金色装饰的春节晚宴，一切都是喜欢的、希望的样子。用心布置出一个个美丽的餐桌，因为那不仅仅是一顿顿的饭，还是一次次难得的欢聚。桌上的花朵、盘中的美味、别致的摆设，无不在表达——节日，大家一起快乐！

— HOW TO —

既应景，又热闹

是为了庆祝什么样的节日、了解这个节日的来龙去脉或其中蕴含的文化典故，这些是定下餐单和布置餐桌前要思考的。听起来有点儿学究，但让我们兴趣盎然的不正是这些有意思、有故事的细节吗？

当我们知道，1621 年清教徒们庆祝的不只是他们的第一个丰收年，还想借此表达对当地印第安人的感激之情，因为是印第安人教会了他们如何在这片土地上寻找新食物，比如玉米、南瓜和火鸡。我们便可以用烤玉米蛋糕和南瓜做桌面装饰，以及分享装在烤鸡造型的瓶子里的美酒来欢度感恩节。

知道红色、绿色、白色、水晶和金银色都是圣诞节的传统表达，而且圣诞还有那么多符号性的单品，如松枝、松果、肉桂、苹果、拐棍糖、圣诞球……脑子里的思路就又延展了一万米。

当了解民间“吃年糕，年年高”的风俗后，我们便会在腊月里开始准备汤年糕、酒酿年糕、毛蟹炒年糕等各种创意菜肴。了解团圆和红红火火的祈福心愿，便更会运用色彩，并把传统融入现代餐宴……应景是节日宴请重要的环节，文化背景也是最有发挥余地的创意空间。

本篇摄影 _ 袁小涵

怎样表达出节日的热闹和隆重?

-

随着门铃被按响，房门打开，如果映入客人眼帘的是摇曳的烛光、摆放妥当的精美餐瓷、美丽的插花和闪耀着柔和光芒的烛台，那客人的第一感受一定是非常惊喜且体会到被宠爱、被尊重的滋味。

既然邀请朋友来，就一定要多花些工夫去布置一个完美的餐桌，让他们感觉到参加你的家宴，是一件充满幸福的事。

把你珍爱的餐瓷都拿出来吧，还有平时不舍得用的细腻的亚麻桌布和水晶酒杯，无论布置桌面还是设计菜品，有一些小小的夸张和仪式感，以最精美的用品和最优质的食材，体现出你的最高水平，才是一场宴请恰如其分的做法。这会让每个前来赴宴的人都感到备受尊崇，毕竟让你的客人感觉快乐，才是你如此倾力宴请的目的。

用鲜花装饰食物很妙

-

用鲜花装饰食物非常加分，能让平凡的食物也散发出光芒。但一定要注意，放在食物内，与食物有接触的鲜花，要用食用鲜花（在一些高级些的超市和市场可以买到）。没有与食物直接接触的，比如只是摆盘装饰，也要选无毒类花材，常见的比如兰花、玫瑰花、荷花、菊花、茉莉花……

不仅仅是餐桌上有花儿……

-

我喜欢在长餐桌上摆放高低不同的几个插花，最高的插花会放在桌子中间，或者放在一旁放置酒水饮料的地方。它们会非常吸引客人的视线，让人一下融入美好的氛围，但在就餐时，我会悄悄把它们挪开，只留下矮矮的桌花，这样不至于遮挡客人交谈的视线。

另外布置好的漂亮的餐桌一旦开始用餐，很快就会被打破格局，中餐尤其是这样，随着菜品越来越多，桌面也变得杂乱起来，因而在餐桌以外的地方也摆放一些主题的装饰物就显得格外重要。比如万圣节的南瓜装饰，可以在沙发侧面或花盆里也点缀一些，圣诞的松枝，在化妆间和客人挂衣帽的地方反复出现，还有厨房的窗台上，摆放一些当日主要的蔬菜水果做装饰，会有意想不到的效果。这些小细节不仅会给人留下更深的印象，还有助于增加宾客间交流的话题。

如何设计出让人欢喜的小细节？

餐桌布置从来不仅仅是“在桌子上摆满花瓶”，不是单纯的鲜花堆砌，也不是简单的对华丽餐具的炫耀，而是让餐桌上的布置，可以服务于用餐者，让他们感受到愉悦、被关注和体贴。这就需要在每次布置时，根据主题和用餐者的特点，设计一些别致的细节。

在春节的餐桌上，用毛笔在红色的笺纸上书写吉祥祝福，放置在每一位客人面前的餐盘里，是一份祝福，也是一个装饰。母亲节的餐桌上，叠成心形的卡片是装饰，更可以展开，并为每位客人准备好笔，将对妈妈的祝福写在卡片上，是一份永远的纪念。

小小的，美美的

有时候想，就这样一起玩着，让我陪着她慢慢长大。
当她会转身跑开，不再对我有依赖和索求、不再张开小手要妈妈抱抱的时候，
这些对餐桌和厨房的爱、对花朵的情感，会一直陪着她。

孩子的派对没必要摆放得整整齐齐，自助的形式更轻松欢快，把餐具堆放在餐桌一头，也节省了布置餐桌的时间

小叶子任性地要玩我修剪花枝的剪刀，被拒绝。大哭。我板着脸，很严肃。她伸出两只小手，哭着要妈妈抱抱。我不睬她。她就站在桌前，哭得湿嗒嗒的，小脸通红。她缓缓缩回了小手，脚往后微微挪了半步。我的心却被揪了一下，生怕她下一刻会转头跑开，不再理我。随即她又怯怯地伸出了双手，我上前把她揽入怀中，像抱住一团小小的湿漉漉的棉花糖。我好怕这样的索求稍纵即逝，她对我的依赖也许只有短短的瞬间。

然后她便安静地看着我把刚从花市买来的鲜花，一枝一枝修剪掉多余的叶子，插入瓶中。

过了一会儿，她忽然指向书架高处一个小小的陶罐，咿咿呀呀地说，叶叶花瓶，叶叶要花瓶。我一下明白了，即使刚才她上前争夺剪刀也并不是顽皮，只是想学着我的样子，把这些花枝打理清晰，让它们美美地绽放在瓶中。我取下了小罐子，又给她找了一把安全的小剪刀，她便在一边捡起我剪掉的小花枝，像模像样地修修剪剪，摆弄起了那些花朵。

不知是从哪一时刻开始的，无论是我布置餐桌，还是插花，小叶子都愿意参与。她也会用过家家的餐具和乐高玩具，摆上一桌有花花的晚餐或下午茶，端着小盘子，学着我们的样子，用木头叉子美滋滋地“吃点心”。

有时候我布置餐桌，她坐在儿童椅里，看着我忙忙碌碌，摆盘弄花，会喃喃自语地说，妈妈弄得真漂亮！这些都让我惊讶、惊喜，又有些感动。我想象不出她将来会是什么样子，过着什么样的生活，但看到美的东西会开心，会觉得快乐，有这样的心，想必将来的生活也会很容易感到愉快吧。

从小叶子开始吃第一口食物，到她能坐在餐桌旁和我们一起用餐，给她准备的餐具基本和成人是一样的，只是成人碗碟中小小的、美美的那些。她也不曾有各种卡通的塑料的有着鲜艳颜色的碗碗盘盘，只因为觉得，那并不好看。我不觉得儿童的审美和成人有太大区别，那些营造出的粗劣的可爱和刺目的艳丽也许只是大人心里想象出的儿童世界。有意思的是，小叶子也从未打破过一只瓷碗或玻璃杯，她其实很小心，会和我们一样，懂得疼爱这些美丽的东西。

小叶子过生日，为她的小派对我设计了独特的餐桌布置。一大清早，便去菜市场搬回了很多盆绿绿的嫩嫩的麦苗，还有各式各样的迷你多肉小盆花。并不是要布置花园，而是把它们摆上餐桌。由小叶子的乳名到她的样子，都让我想到这些萌萌嫩绿的小苗儿，把它们铺在桌子中间，再把俏丽的玛格丽特小菊花点缀其中，一簇一朵，像一条长长的桌上花园，散发着植物和花朵的清香。还有仿真的小动物藏匿在“花园”之中，孩子们连同大人们，都好开心地寻找，惊喜地又发现一只可爱的小猫、漂亮的小鸟或是呆萌的蜗牛。

当派对结束，孩子们还可以把自己喜欢的小动物装在准备好的小竹篮里和糖果一起带走，与小叶子一起分享生日的快乐。而那些可爱的迷你多肉，不仅可以放在盘子里当成装饰，也可以在花盆上用马克笔写上来宾的名字，当作餐桌的“名卡”，而且，

用麦苗和小花儿布置出的桌面花园，还有仿真小动物出没，不仅让孩子们感到新奇有趣，也让大人们乐在其中

从小叶子一岁到两岁，在无数无数的小朋友的聚会上，和她一起享受着美好时光

摄影＿曾焱冰

水果里也会发现可爱的蜗牛，让小朋友在选取食物时充满乐趣

那小小的肉肉的样子，恰恰就像婴孩娇憨的模样。

随着小叶子一点儿一点儿长大，从躺着到坐着，从睁大眼睛看着，到能伸出小手开心地摆弄餐桌上的花草餐具，这些我爱的，也渐渐成了能在她眼睛中闪耀的火花。

有时候想，就这样一起玩着，让我陪着她慢慢长大。当她会转身跑开，不再对我有依赖和索求、不再张开小手要妈妈抱抱的时候，这些对餐桌和厨房的爱、对花朵的情感，会一直陪着她。

但我也并不是总会有时间和心思与小叶子一起玩耍。每月到了杂志要关书截稿的时刻，都会很忙，忙到即使双休日，也没有时间为小叶子做一次美丽的早餐。甚至有的时候，早晨离开，她还在熟睡；晚上回来，她又已经睡着。

我轻手轻脚地推开房门，看看她熟睡的小脸和肆意伸展的胳膊、腿，然后到她每天玩耍的地毯上坐坐，看看她当天画的画儿或刚刚翻过的书本，有时候还会发现，那里有她用来过家家的餐具和乐高玩具，摆出的一桌有花花的晚餐或下午茶，想象着她认真地摆弄着那些杯杯碟碟，用乐高插出食物和花的样子，然后端起小盘子，学着我们的样子，用木头叉子吃着“点心”，心里美滋滋的……

— HOW TO —

小朋友也可以是小助手

孩子多大可以成为小助手？

其实多大都可以。

小小的婴儿，让他坐在旁边看你布置，给他一张餐巾纸或一朵小花，让他有参与感，一起摆弄起来，也是个新鲜的玩具呢！

孩子有了自主意识，就可以真正加入到布置中了。我们平时布置餐桌也好、插花装饰也好，是为了让我们自己和家人感受到美和用心，而对有孩子的家庭来说，这还是一个很好的美育和家务训练。让孩子去想个有趣的点子、把花朵修剪好插进花瓶、写一写名卡、挑选漂亮的餐巾纸、摆放餐具……他们布置出的餐桌不一定那么一丝不苟的严谨，但一定会看上去很可爱，这本身也是聚会的乐趣和成长的一部分，而且这些具体的操作，足够让他们感受到自己是主人，并十分自豪呢！

此外，还有一个问题是我经常被问到的——孩子打破餐具怎么办？

我的回答是：小心别被划伤就好。对餐具、瓷器的爱护，当然我们要告诉他们，示范给他们，但试问谁不会打破东西呢？不能因为怕损坏而不让他们触碰，那就舍本逐末了。

给小孩子一大把花，往往有令人惊喜的效果

摄影 _ 曾焱冰

不仅他喜欢，也要你喜欢

为孩子布置派对的餐桌其实要谨记一点——不光要孩子们喜欢，也要你喜欢。常常看到那些很“儿童化”的布置，充满了颜色杂乱的气球、做工粗糙的塑料餐具、丑陋的小玩具，也许公认，这就是给孩子们布置活动的标准样式，孩子们也不会拒绝，但糟糕的色彩和廉价感的餐具绝对不是好的审美。用心想一个让你和孩子都觉得充满创造性的、令人愉悦的餐桌布置吧，上面有色彩明亮且精致的餐具、美味易分取的食物和有趣的饰品，还可以用桌布或鲜花增加气氛。

别忘记给其他小朋友准备礼物

自己孩子的生日派对，会收获多多的礼物，这时候，如果你和宝宝都记得给其他小朋友也分享一份礼物，那么你的派对会显得更加温暖体贴。传统的 goody buckets（糖果桶）里面是一些糖果和小玩具，这些也是永远不会过时的选择。不要用那些普通的塑料包装袋，可以选一些小孩玩的铁皮小桶或小竹篮子，哪怕是漂亮的纸盒或布袋子都是可以循环玩耍的玩具，而且这样做也会很环保。如果更加用心，可以在每份礼物上用一个独特的标签写上小朋友的名字，可以是一个有字母的珠串，也可以是一张手绘的卡片，让孩子亲自做这些，他收获的不仅仅是乐趣，还有一种关心和分享精神。

孩子举止得体，源于大人的周到

不得不承认一点，给孩子举办派对是很难控制场面和保持优雅秩序的。想想五六个孩子玩闹成一团的场面，啧啧，还是给自己留条活路吧，让一切在美丽的基础上，也要简单好操作。

我在家里准备了大量搪瓷餐具，设计美观，复古感很强，还有那些质地厚实且小的陶瓷杯碗，也不容易被打碎。安全不易破损的用具仍然是儿童聚会的首选。现在很多家居店里都可以买到质量非常好的树脂碗碟，色彩明快，无毒，且造型和图案都很有设计感。还有带防水涂层的印花桌布，既美观，也容易打理。

另外聚会所提供的食物也应该是小份、容易取食的。可以把它们分别盛放在可爱的小碗、小杯、小勺等容器中，让小孩子随时可以方便地拿到，又不会把所有的食物弄乱。孩子的优雅举止，往往源自我们为他们着想的程度。

PART III

藏在日常里的快乐

想拥有漂亮的餐桌，但预算和储物空间有限？这并不是让人尴尬的问题，而是我们都要面对的现实。精美的瓷器只是生活中的锦上添花，招待客人家宴也不再是“头等大事”，而只是我们日常生活的一部分。重要的并不是拥有多少套名贵的餐瓷，而是有一颗热爱生活、能感受到生活细微之美的心。

好吧，就从现在开始，即使什么都还没有，只要按照我总结的经验，就能布置出一个让人羡慕的餐桌，这并不需要花上一大笔钱，只要拥有最基本的餐具，再加上搭配的心思、技巧和热情。

是全能餐盘，更是生活巧思

有全能餐盘吗？答案是有。只是也许你不会甘心真正理性地购买。

尽管我的储藏柜里有多套餐盘，但最常使用的只是一套简单的白色带蓝边的盘碟。它几乎适应各种季节和聚会，有时只是会搭配不同的酒杯、花器、餐巾或餐垫，就会有不一样的感觉。事实上也是如此，包括前菜和主菜的两件套餐碟，只要有两套就足够了——一套细腻简洁的骨瓷的，一套可以是乡村一些的陶瓷质地的。它们足够应付你的日常三餐和基本宴请。除非是结婚礼物，现在已经很少有人去购买整套的包括甜品碟和汤盆、汤碗在内的餐具了，因为宴请对我们来说不再是什么重大事件，而是日常生活的一部分，那些有创造性的桌面搭配才是最吸引人的。

请在冲动购买前考虑一下你实际需要的数量。如果你的客厅最多能接受六个人一起用餐，那就不必非要购买八件套或十件套。粥、汤、面和布丁碗是否能选择一碗多用的？那些有巨大边沿和盖子的西式汤碗究竟能用到几次？

在大城市的房价飙升到了七八万一平方米甚至更高的时候，少几只不实用的碗也是一种生活品质的提升。另外选择白色的餐瓷是永远不会错的。它可以拥有不一样的质地和设计，但却轻松地就可以混搭在一起使用，不仅能很完美地衬托食物，还能和桌上任何物品搭配，把出彩的部分交给餐垫、桌布、甜品盘和杯子去发挥吧。

摄影 _ 王笑飞

买买买，不失手

朋友们最多的问题就是——看见好看的盘子和碗就走不动，但也不能都买整套的啊！东买一个西买一个，可如何才能都搭配在一起呢？

在“买买买”这条路上，我可以说是摸爬滚打出了一点儿经验，其中最重要的宗旨是——找出自己喜欢的几条主线，顺着捋，让自己所购买的餐瓷之间有某种关联的主题，这样买多少单件的产品，最后都能搭配在一起使用。

就比如蓝白系列。哪个品牌没个蓝白系列呢？我家就有包括皇家哥本哈根的“唐草”系列、爱马仕的“异域之蓝”、梅森的“蓝洋葱”、Lomonosov（罗蒙诺索夫）的经典钴蓝网纹系列。这些餐盘在一起，很和谐。

偶尔把这些洋品牌与景德镇等这样的“中国风”搭配在一起，一样好看，没有一丝违和感。这不正是我们一直买，买回来还一直都能用到，越用越有乐趣的理想状态吗？

记得去瑞典花艺大师 Gunnar Kaj 家拜访时，看到他招待我们的下午茶茶具也是遵循着这种混搭原则。一套瑞典人的国民瓷器 Rörstrand，中间混搭了单独一个俄罗斯国宝级品牌 Lomonosov 的糖罐，让人忽然觉得那一大套老 Rörstrand 都不那么死板了。

同样，我的下午茶桌也经常这么搭配。用 Lomonosov 混搭了 Wedgwood 的茶杯和皇家哥本哈根的甜品盘，梅森的小花瓶和 Waterford 的水晶杯也很配啊……总之，同色系混搭战无不胜！

另一个可以一直买下去的系列是“花卉系列”。

我曾在瑞典的跳蚤市场买过一套八只手绘花草图案的古董甜品盘，后来又在巴黎福宝大街的爱马仕店购入了一套同样花卉主题的点心盘，虽然它们的绘画手法和质地完全不同，价格更有着天壤之别，但放在一起使用，不仅不唐突，还会感觉很别致。

当然，就像前文说的，家里至少还得有一套白盘子，作为混搭的桥梁。然后，你就可以一直买、一直买、一直买了……这其实和穿衣服搭配一个意思啦。

最后，还要知道，一些特别打动自己，但可能和谁也不太搭的东西，偶尔买了，也不必怪自己。这些就像生命中的小火花，值得追求。比如在你的餐瓷收藏中，可以增添一些古董瓷器，在就餐的同时欣赏旧时的美，并谈论一些关于过去的话题，是非常有乐趣的事情。那些旧货市场上的东西不会很贵，只要你眼光好，果断把它们背回来，和新的餐具混搭使用，会大大提升你的餐桌品位。

所谓不失手，其实也是建立在一个积累过程中的，当你越来越了解自己，拥有成熟的品位和审美，对自己的餐桌，就越发能驾轻就熟了。

不同品牌的蓝色器皿混搭在一起，和谐又不会死板　　摄影＿曾焱冰

万物皆为花器

是的，什么容器都可以插花。

有时候，越是用不是花器的“花器”盛放鲜花，越容易给人留下深刻的印象。

我曾用茶杯、茶壶、蛋糕架作为“花器”布置过下午茶茶席，小小的茶杯里，盛开着花朵，蛋糕架上也开满鲜花，让客人觉得非常有趣。用刨开的南瓜当作花器做万圣节装饰已经非常常见了，其他的瓜果也可以试试，比如紫甘蓝、卷心菜。把整根的竹子锯开，做成“竹筒花瓶”非常有野趣，我在和《漂亮的房子》真人秀合作做美学顾问时，曾让吴彦祖亲自锯了八个竹筒插花，他的手工活儿和人一样帅。

从奶杯、白兰地杯、彩色玻璃杯、各种瓶子甚至试管，到陶瓷碗、铁皮小桶或藤编的小篮子，无所禁忌。桌面上的鲜花能够让桌面迅速变得有气氛，而对这些花的要求就是——看上去像没特地打理过的样子。这就好像T台上模特慵懒的“起床妆”，每根看似随意、杂乱的发丝，其实都是经过精心梳理的。一束简单却精致随意的鲜花，也许要花费你更多的时间，但它远比刻板整齐的插花看上去时髦得多，即使再高级、再时髦的晚宴，也不例外。

如果是圆桌，可以以圆心为点，摆放一个花篮或插花，或者摆一组高低不同的玻璃器皿，在其中插上鲜花，要点就是从各个角度看上去，都一样好看。如果是长桌，需要摆放一组以上的花，那可以重复一个主题：可以是一个简单的花瓶，里面插满雏菊，也可以是一组两三个玻璃瓶，每个里面有一两枝花。布置桌面的鲜花不必名贵珍奇，它们吸引人的地方在于够新鲜。除了鲜花，植物、草、蔬菜、水果或盆栽的小型开花植物，都可以是桌面装饰的主题，把它们混合扎好放在瓶子中，或把盆栽直接放进好看的碗或盆里，都是出其不意的桌面布置。

关于桌面的鲜花布置，重要的原则只有两点：首先是不要用过于芳香的鲜花来干扰食物的味道，其次就是不要让客人在花丛中捉迷藏。花卉摆放要么高到可以从它下面看到桌子对面，要么低到可以从花朵上面看到对面的用餐者。如果有非常大型的花卉设计，那么在开餐前应该把它挪放到餐桌一旁。另外具体如何摆放鲜花，是在长桌中间铺满，还是简单的点缀，这要依据当日菜品的数量和用餐的方式而定，分餐制的西餐可以让鲜花占据桌面很多的面积，但需要分享食物的中餐则要留出桌面摆放菜肴，鲜花只能是零星的点缀。

参与《漂亮的房子》拍摄，这是吴彦祖用竹子锯出来的花器　　摄影 _ 曾焱冰

不需要额外购买桌布

桌布很重要，当然，在我看来，桌上的一切都很重要。但也确实，用桌布的人越来越少了，人们不愿意把时间花在浆洗、熨烫桌布上，一切生活用品的流行或消退，都源于生活节奏的改变。但对家里普遍只有一张大餐桌的我们而言，桌布能轻松营造百变的餐桌风格，也是事实。它非常实用，并总能起到画龙点睛的作用。

按照传统的社交礼仪规则，桌布下垂的尺寸，早餐应为15—20厘米（6—8英寸），午餐为20—30厘米（8—12英寸）或更长一些。但真的无所谓，餐桌不是考试，也没有教官会去用尺子量，更何况，有些人非常讨厌桌布下面露出桌脚，有人又完全不接受全包式铺法。按你喜欢来就好，或者告诉你个通用舒适无误准则——无论什么场合，桌布平均下垂到1英尺左右，也就是30厘米就可以了。

到哪里去买满意的桌布？这也是很多人都有的疑问，确实令人困惑，往往那些声称是“桌布”的产品，都看着有点儿刻板，那些照片里、杂志上的桌布怎么那么好看呢？

怎么说呢，这也有点儿像穿衣搭配的游戏，关键是搭配的灵感在发光。其实并不需要额外花很多钱购买很多的桌布，用印花的旧床单或各种材质的大披肩铺在早餐桌上，一样可以让每个清晨都有新鲜的感觉。用装修剩下的壁纸也可以是一次性餐桌布置的方案，把它铺在餐桌上当桌旗，会有意想不到的效果。宜家有

一款白色蕾丝窗帘只卖 99 元（还是两幅），将它铺在室外粗糙的木条长桌上，强烈的对比让餐桌风格格外迷人。

还可以试试把桌布叠铺的效果——我收集过很多欧洲跳蚤市场上的手工勾花的茶巾，这些茶巾流行于 20 世纪，现在已经很少有人使用，就连 Paper Doily 这个单词，也让年轻一代觉得陌生，是老奶奶才知道的词汇。它们一般都比餐桌要小，把它们叠铺在有大桌布打底的餐桌上，下面的桌布也许是深色的丝绒，也许是同样白色的亚麻布，或呈现对比之美，或感受呼应的精致细节，让下午茶桌有一种既现代又复古的情趣。总之，随你想象，怎么好玩怎么来，毕竟铺着雪白浆洗的亚麻桌布的正式晚宴，对我们来说，并不是日常生活的常态。

餐垫餐巾，戒指项链

餐垫、餐巾和餐巾环，是在餐桌上经常被省略但其实很有效果的小物。前者可以轻松改变餐桌气氛，让同样的餐具呈现出不同的风格，后两样除了实用外，还是装饰桌面的一个精致细节。

我喜欢天然材质的餐垫，像棉、麻、竹、草、木，这些材质的餐垫总给人一种清新自然的感觉，连带盘碗中的食物都仿佛变成了纯粹的有机食品，让人信赖。很多时候，我甚至用诸如芭蕉叶、龟背竹、八角金盘这样真正的大型叶材做餐垫，效果非常棒，有机会你也一定要试试。

那些有着五颜六色图案的塑料餐垫就算了吧，它们除了能避免洒落的食物污染桌面外，实在让人感觉很廉价。现代的设计师更开发出一些新鲜材质的餐垫，比如皮革、金属，这些能带给餐桌时髦的感觉，往往小小一块，便让人耳目一新。

我们现在的很多便餐，都不再用织物的餐巾了，取而代之的是漂亮的纸巾。这些有各种图案和色彩的纸质餐巾简便好用，但传统的熨烫得整整齐齐的织物餐巾的优雅感，仍然不可取代。餐巾摆放的位置从中世纪的“披在用餐者的左臂上”（Diana Visser在《晚餐的仪式》一书中的记载），到后来转移到用餐者的前胸部，到19世纪，才转移到膝部。而大小也从“如浴巾一般”变为24英寸（60厘米）左右（晚餐餐巾尺寸最大，而午餐为17—20英寸，下午茶12英寸）。要说餐巾其实还是大一点儿更舒适好用，也显出一种非凡的气派。1979年开张的时尚界传奇餐厅

L'OBJET 镶嵌施华洛世奇水晶的餐巾环很有节日奢华感　　摄影＿曾焱冰

摄影＿曾焱冰

Mr. Chow 纽约店的每一处细节都被业内人士津津乐道，其中与Lalique（莱俪）出品的双排玻璃门、Richard Smith 设计的悬空雕塑、Giacometti 的青铜落地灯相提并论的是店内 28 英寸长的餐巾。

至于餐巾的材质，当然还是要选择天然柔软的棉麻为佳，合成纤维会在膝盖上打滑，客人不断地弯腰捡起落地的餐巾，并且把脸擦得更花一定不是你想看到的。

小小的餐巾环更容易被忽略，也会让人想，我还要不要再花一份钱在这个小东西上呢？把餐巾环比喻成女人的珠宝更恰当一些，它就仿佛是颈间的项链或指间的戒指，你可以说它可有可无，但有时候又真的是画龙点睛。那些做工精致的餐巾环总是吸引着我的注意，曾经在 L'OBJET 的设计师 Elad Yifrach 先生来访时用他设计的餐瓷和装饰品布置了不同风格的圣诞餐桌，那些镀金，甚至镶嵌施华洛世奇水晶的餐巾环真是漂亮极了，在圣诞餐桌上闪闪发光，是一个精致入骨的华美细节。

当然，也并不是每一个餐桌布置中，我都会用到设计师的餐巾环，更多的时候，我会根据当天的布置主题和风格随手做一个餐巾上的装饰，或许是用草绳系一枝花草，或许是用植物枝叶当成“缎带”，也有时候会用到真正的手镯、珠链，甚至是孩子吃的小饼干或圣诞树上摘下来的装饰物……这就像我们佩戴首饰的时候，不也是根据穿衣和化妆的风格而随心所欲吗？

基础餐具和加分餐具

现在很多家庭的日常饮食受各地美食文化的影响，制作食物的灵感多元化，用餐方式也越来越讲究，这使得餐具只是简单的勺子和筷子的年代一去不返。那么，在我们的家庭中，哪些是必备餐具，哪些餐具有了就是加分项呢？

就日常中餐来讲，筷子肯定是必备项，那么和筷子有关的筷子架，就可以算是加分项了。其实筷子架早就不再是只在餐厅里才会出现的摆设了，日常生活中，我们也希望用餐更文雅，桌面更干净。精美多样的筷子架也是一种收藏品，陶瓷、骨质、木制、金属等，材料多样，样式更是五花八门。

此外，每家都会有大大小小的不锈钢勺子，但如果喝汤和糖水粥羹的时候，可以有一套精致的陶瓷汤匙，也会显得非常传统、讲究。

抱着大闸蟹大快朵颐很痛快，但显得很狼狈，也会暴殄天物。如果嫌蟹八件太过复杂，有包含蟹剪、蟹匙、蟹叉的三件套也可以让整个吃蟹过程很从容，让客人（尤其是不太熟的客人）解除忧虑。很多工具其实也是帮助我们回归慢生活和优雅姿态的加分项。

中餐餐具无论常用的还是不那么常用的，其实我们都了解一二，那么五花八门的刀叉类餐具，我们又从何选起呢？

一般中国家庭使用到的基本西餐餐具，无非是标准的刀、叉、汤匙。而在西方，一直到 18 世纪，有了这三件餐具，人们才能够以我们所谓的礼貌而又实用的方式，处理并享用所有的食物。至于那些鱼刀、带尖的葡萄柚勺子等，都是在 19 世纪后期到 20 世纪才出现的“新食器时代”的工具。当我们选择一套基础的西式餐具时，别被太多的设计迷惑。要知道，餐具无论做成什么样子，如果不方便用来吃饭，那都是很让人郁闷的。好的餐具拿在手里手感要平衡，容易抓取、重量适当。刀刃要容易切东西，还要够宽，好将食物推到叉子上。而叉子齿距要恰当，齿够锋利。勺子的曲线要舒服，还要够深。这些是餐具应该具备的基本美德，除此之外，才是不同材质带来的视觉感受。

当你有了这些基础款后，可以根据家庭的饮食习惯添置一些加分的餐具。比如常吃红肉的家庭可以准备牛排刀，以白肉为主的家庭，鱼刀匙（Sauce Spoon）自然使用更方便，奶酪爱好者一定要有一把 Puiforcat（博艺府家）的完美芝士刀，而甜品叉和勺或三头蛋糕叉（Cake Fork）虽然不是必备，但如果有，在下午茶聚会上还是显得很有腔调的。

手洗还是洗碗机？

每次我在微博上贴出早餐或家宴的照片，总有人会说，这么多碗，怎么洗？

这个问题虽然煞风景，但挺实际，答案就是——你家里需要有一个好使的洗碗机和一个训练有素的阿姨或自己。

洗碗机帮你解决大部分家常的餐具，也就是那些不太贵的、简单易得的基础款。但如果遇到古董餐具或珍贵的餐具，则一定要手洗。这包括古董的瓷器、古董水晶、玻璃制品，以及银器和有骨把的餐具。

不能用机洗，一是洗碗机的清洗剂容易让古董器皿上的图案褪色，表面被腐蚀；二是容易让水晶、玻璃制品表面的出现划痕和磨损。

不仅是古董水晶、玻璃杯，那些手工玻璃、切割玻璃也同样要手洗，并且最好装在塑料盆中，而不是容易磕碰的搪瓷或不锈钢水盆。在清洗的时候，特别需要注意的是，水温不要过热或冰凉，也不要使用摩擦力很大的清洁布。

洗干净后，好的玻璃制品应该用传统的亚麻布擦拭干净，这样才能保持其光亮，并且无论好的还是便宜的玻璃杯，最好都杯口朝上存放，不要叠放，这样虽然会进灰尘，但最容易破损的部分——杯口，得到了有效的保护。

收藏使用银器，其实最大的烦恼也在于需要经常擦拭和清洗。如何清洗银质餐具呢？除了用专业的银器抛光清洁剂外，还

有一个从法国老奶奶那学来的方法，亲测有效且简单：把一张大锡箔纸铺在一个深盘或盆里，把刀叉这些银质或镀银的餐具放在里面，撒海盐，浇上开水，让开水没过银器，然后用锡纸包好。包好的锡纸包使劲摇晃两三分钟，打开，餐具就洗干净了，神奇吗？试试吧！见证奇迹之后不要忘记，刀叉餐具也要小心用软布擦拭干净，保持干燥，这样才不会使它们失去光泽。

那些西餐桌上的故事

生活在这样一个分秒变换的时代，即使严格的西式餐桌摆放方式和礼仪，也在逐渐根据饮食习惯和生活节奏，甚至是随着审美的变化而变化。

从 11 世纪到 16 世纪初期，欧洲的餐桌上还是一片狼藉。餐具还是奢侈品，不曾被广泛使用，人们在对着嘴灌完汤后，随便用手撕扯下几块肉送到口中，再在衣服或桌布上蹭蹭黏糊糊的手指——是的，这些都是曾经国王的宴会，查理六世的宫廷宴会恶名昭著。法国人文主义作家蒙田也曾坦白地说："我很少使用勺子和叉子……吃得忙乱，几次咬到了自己的手指头。"

一直到文艺复兴时期，这种局面才因"新资产阶级"的上位而得以逐渐扭转。大量餐桌礼仪的著作相继出版，人们开始规范自己的举止，餐桌也变得空前浮夸华美。路易十四虽然自己仍坚持用手抓饭，但他的侍从会为他摆上专用的盘子，放上他并不会用到的勺子和叉子。国王的餐刀用一块折叠的餐巾遮盖，据说，这种"摆遮盖"就是"摆桌"说法的由来。

据 Roy Strong 在《盛宴》一书中说，在 16 世纪的宫廷宴会上，会将糖和其他成分混合，制成实物大小复杂的想象建筑，经过染色、镀金，摆到桌子上，而为了把这种大型堆雕运送到宴会桌上，甚至需要把门加大尺寸。坐在桌子两边的客人想要说话，得靠传递小纸条才行。到了 19 世纪鱼刀等"新食器时代"来临，

一些时髦的餐厅，由于空间限制不设置面包盘，而是将包括黄油刀在内的所有餐具
从外到内一一排列，甜品叉勺会在上甜品的阶段提供

精英们精简菜单、重新规范餐桌礼仪，桌面装饰的重点从鲜花、蜡烛转到了每个人面前实用的餐具。单盘变成了双盘甚至三层盘，酒杯也开始排列成行。而大洋彼岸的美国在唱响《独立宣言》后，仍然沿用欧洲移民带来的文化，但他们也把自己的节奏混在其中。因而在西餐的餐桌上，你知道餐具的摆放顺序是左边叉，右边刀，无论要用到多少餐具，都可以按照上菜的顺序，从外侧到内侧，一一摆放在盘子两边。同样，这也是用餐者的使用顺序，最先用到最容易取到的。但尽管如此，依然会对一些问题感到困惑，比如牛油碟应该放在侧面还是侧上面？牛油刀到底横放还是对角线斜摆？餐桌上到底是否都应该提供盐和胡椒，以及黄油这类的东西？

这些其实对应的正是不一样的文化差异。先说摆盘。牛油盘（Butter plate）是英国人发明的，他们把它摆放在餐叉的左侧，如果提供牛油刀，则可以把它横摆放在面包盘中间，刀把朝右，刀刃朝下，与桌子的边缘平行。到了美国，人们更倾向于把牛油盘或沙拉盘放在左上边，位于餐叉上方，而不是侧边。牛油刀会放在牛油碟的对角线位置，刀把向右，刀刃向里。或者将它横摆放在面包盘上右三分之一处。但到了法国，即使他们将面包直接扔在桌子上，既没有牛油盘也没有牛油刀，当然也没有牛油，那你也不用生气地指责为什么这么做，这和法国人爱“炫富”、爱“怀旧”的情结有关。

在法国历史学家让—马克·阿尔贝（Jean-Marc Albert）的《权利的餐桌》中有这样一个故事：拿破仑曾和他的外长塔列朗说：“把饭菜弄得像样一些，你们要挣一个花两个，不够了去借，我最后结账。”他把餐桌当作一种外交工具，请一切对法兰西有价值的人来吃饭。塔列朗是个很会作秀的外交家，一次晚宴，仆人端来一条极大的鲑鱼，到桌子附近时却不小心弄翻了盘子。在当时，鱼是宴会上头等奢华的大菜，众人哗然。但塔列朗不动声

摄影 _ 宋明

色地叫人又端来一条同样硕大的鲑鱼。这个“事故”是精心安排好的，为了展示皇帝的实力。

说得有点儿远，但法国人确实爱“炫富”。再回到面包上。中世纪时，贵族们用餐，会用不发酵的粗面包厚片垫在桌子上，上面摆放他们所食用的高级精细的面包。我们现在所使用的盘子正是来源于此——这种垫在下面不发酵的硬面包渐渐被木块代替，然后转变为锡器和瓷器。而以法国为代表的欧洲大陆人不用面包盘的做法正是一种缅怀旧时代贵族时光的情绪。另外还有一种版本是说，在正式宴会中所使用的白色亚麻桌布相当昂贵，而这样随意将面包扔在桌面上的做法，是要故意摆出一副满不在乎的有钱人姿态，表示自己财力雄厚。

另外法国人还习惯将餐具面朝下扣在桌子上，并且他们使用大汤匙而不是圆形汤匙。有时候，法国人会用到餐刀架，这样主餐刀就可以放回到桌子上，因为在完整的法餐中，上甜品前会有一个上奶酪的环节（在英国是甜点和奶酪二选一），在这个时候，餐刀可以再次使用。

但生活在这样一个分秒变换的时代，即使严格的西式餐桌摆放方式和礼仪，也在逐渐根据饮食习惯和生活节奏，甚至因审美的变化而变化。比如英国奢华宴会服务公司 The Admirable Crichton 的设计师 Johnny Roxburgh 就说过：“在一张偌大的桌子上，摆上一大片餐具，看起来会不舒服。相反，我们更喜欢分两次布置餐桌，到甜点时间将勺子和叉子拿走。”同样，也可以每上一道菜，摆放分发一次相应的餐具，这样可以让窄小的桌面看起来更清爽，用餐者亦感到更方便。为了让摆上装饰品后的桌面保持整洁，Johnny 还不喜欢用牛油盘：“有人及时更换补充餐具要比把面包放在盘子一侧好得多。另外最好是每份餐具都配有盐和胡椒，不一定装在传统的盐盅里，可以使用任意一款漂亮的器皿，不需要盐勺。”（引自 Set with Style）

就像评价人一样，不要轻易用对或错去评价一种餐具摆放的方式，这也许基于不同的文化，也许是时代发展和饮食变化而产生的新的摆放方法，就像亘古以来人类继承的语言文字有着严格的传承，但也依然会不断有新的词汇加入，无论你是否愿意接受。

与这些变化相对，在西餐摆盘中永远不变、需要严格恪守的清规戒律，除了左叉右刀，从外到里的顺序外，还有一个重要原则是，每样东西的摆放都要“稳、正、匀”。摆在中心的餐具要在正中间，餐具之间的几何距离要相等，视觉上要平衡。一位英国老祖母曾经教授孙女严格的餐桌礼仪：如何让所有盘子上的刀叉手柄都与桌子边缘对齐，另外摆在每位客人面前的所有餐具，总宽度应该为 24—28 英寸（60—70 厘米），她认为，这种密度方便客人交流，感觉更舒适。这让人不禁想到，在诺贝尔颁奖的千人盛宴上，除了卡尔十六世·古斯塔夫国王拥有 70 厘米的间距外，其他人一律 60 厘米排开，看着个个社会名流肩并肩地挨在一起还是有些喜感的。

一刀一叉，西餐礼仪小细节

“吃相难看”不仅是指做事的姿态，其原本的含义也是直击现代人痛点的问题，随着对自己的要求提高，越来越多的人开始注重自己和孩子的餐桌礼仪，毕竟这是比任何漂亮的衣服都更体面和代表个人素养的一张名片。

餐巾怎么用？

1. 在轻松的场合，非正式用餐时，请在就座后立即将餐巾放在膝盖上。在正式场合，就要多一分眼力见儿，要等女主人从桌子上取下餐巾后，再将自己的餐巾铺在膝盖上。

2. 很轻松自然地把餐巾铺在膝盖上，千万别“啪”地打开或者在空中抖开，让餐巾的折痕朝向自己。

3. 暂时离开桌子时，把餐巾稍微折一下，放在椅子上。

4. 据说法国女人的餐巾如果掉在地上，是不会低头去捡的，实际上，如果你在高级餐厅用餐，餐巾不慎滑落到地面了，可以直接问服务员再要一块新的，或者服务员看到，也会再给你拿一块干净的餐巾来。

5. 餐巾正确的使用方式是——用食指顶在餐巾布下面，沾沾嘴边，而不是大规模地擦嘴甚至脸。记得，如果你涂了唇膏，在喝水前，轻轻沾一沾唇部，以免弄脏玻璃杯。

6. 在用餐结束时，折叠餐巾并将其放在你桌面的左侧。如果

餐盘已经收走，则放在你所在位置桌面的中心位置。另外记得，把餐巾用脏的一面折在里面，别让它看上去就像一块刚用完的抹布。

7. 如果有餐巾环，记得把餐巾环取下后，放在你的左上方，用餐结束后，再将餐巾穿过餐巾环，放在餐盘的左边，餐巾尖端朝上。

刀叉漂亮的打开方式

8. 在西餐礼仪中，无论正式还是非正式场合，刀叉的拿法有通用的标准。左手拿叉，右手拿刀，实际上也是最符合人体习惯的拿法。

9. 左手持叉，尖齿向下。右手拿着刀，离盘子一到两英寸。

摄影 _ 曾焱冰

食指沿着刀刃的顶部用力。然后用你的叉子叉食物，并尽量保持上身挺直、不低下头地把食物送入嘴中。

10. 当然，在非正式的用餐中，美式风格也没有问题，像拿铅笔一样拿叉子，餐叉尖齿朝上。

餐桌上的各种餐具怎么用?

11. 大家都知道，刀叉的使用顺序是从外至内，就是说，最先上的菜，是用最外面的刀叉或勺子，依次向内。比如摆在最外面的刀叉是沙拉刀叉，用来吃第一道开胃菜，然后是主菜。

12. 用餐时最尴尬的事情莫过于你用了隔壁的面包盘或水杯。怎么分？记住，你的水杯在刀的上方，放在你的右边，面包盘在左边。这里有一个好用的手势，可以告诉小朋友：用手比“b”和“d”。左手形成的“b”代表“bread（面包）”（你的面包盘总是在你的左边）。你右手摆出的“d”表示“drinks（饮料）”（你的酒杯总是在你的右边）。喏，很清楚吧！

13. 什么时候开始吃饭？在一张只有两到四个人的小桌子上，等到其他人的菜都端上来后，再开始吃饭。在正式或商务用餐时，你应该等到所有人的餐都上好后再开始用餐，或者在主人说可以开始的时候再开动。

14. 这里要特别提醒一点：如果不是特别熟悉的朋友一起吃饭，主人点几道菜，最好也跟着点几道菜，西餐总是上完一道才上下一道，如果用餐期间上菜不同步，出现空窗期会有点儿尴尬。

15. 在用餐过程中，被使用过的刀叉，千万不要放在桌面上，请放在盘子上或碗里。我们的筷子，则是放在筷子架上。

16. 当你停下来喝一口饮料或与人交谈时，将餐具按以下两种方式之一摆放，代表暂停休息，还会继续用餐。欧式风格：把刀叉放在盘子中央附近，略微呈倒V形，刀叉尖互相指向对方。美式风格：把刀放在盘子右上角（对角），叉子放在旁边（尖齿朝上）。你这样摆，训练有素的服务人员可以一看就知道，你还会继续用餐，不会来取走你的餐盘。

17. 当用餐结束，也不必大喊服务员收走！只要把将刀叉平行斜放在盘中——手柄指向4点钟方向，刀尖和叉尖指向10点钟方向，刀刃向内、叉子向上或向下都没问题。如果有汤盘，用完后把汤匙留在碗里即可。这些信号表明你已经吃完了。在大多数餐馆，用过的餐具都会被收走，在下一道菜中换成干净的刀叉，但也有的餐厅服务员要你把用过的餐具留到下一道菜，如果此时你希望换一副，也没问题，尽管要求。

座位礼仪

18. 不管东方还是西方，餐宴中的排位都很讲究。总的原则是，如果你是客人，请按主人的排位去坐，不要轻易自己更换座位；主人右边是女主宾，女主人右边，是男主宾，基本如此。

还有一些小细节

19. 如何递面包？如果面包是整块的，需要切，你可以切几块，递给左边的人，然后把整个篮子传给右边的人。

20. 如果需要切面包，千万不要用手指触摸面包，而应使用面包篮中的衬布作为隔离，在切面包的时候可以垫着稳住面包。这一点在自助餐的时候尤其用得到。

21. 把面包和黄油放在你的黄油盘上——前面有讲到，在你的左边——然后把一口大小的面包用手掰下来（就别用刀叉分割了），在上面放一点儿黄油，然后就可以吃啦！

22. 传递盐和胡椒的时候要记住：盐和胡椒永远在一起，要递就一起递过去。

23. 喝汤的时候从勺子的侧面啜饮。取最后一匙汤时，把碗稍微向一边倾斜。当然，不出声，汤太热自然放凉，不吹汤更是最基本的礼仪。

24. 如果是餐厅用餐，用餐结束，工作人员会把盘子移走。家宴中，女主人可能会清理盘子，这时可以主动帮忙。在家庭聚餐时，成员们清理自己的盘子也是最基本的礼貌。

优雅仪态

25. 关于各种细节、仪态，如何做得更淑女，这个在传播广泛的视频中都说得非常明白。真的，再次强调，好的礼仪不分东西方，不管用筷子还是用刀叉，好的礼仪可以让你得到更多尊重，并走得更高更远。

一蔬一饭，中式餐桌慢优雅

好的摆放形式是符合人体工学，让人使用方便的，就像好的礼法也是符合全人类文明进程的，走到哪里都适用，其中并不存在很大的东西方的差异。

喜欢引经据典、在中国几千年文化里找渊源的人可能也很难找到一套流传下来的关于中式餐桌摆放的规矩。记录秦汉以前礼仪文化的著作《礼记》中，提到了一些关于宴席食物摆放的要求，大意是：带骨肉要放在净肉左边、饭食放在用餐者左方、肉羹则放在右边、调味品放在面前的位置……但中餐体系庞大，各地有很大的差异，经过千百年的流传，对当下已经没有太大的借鉴意义。现代中餐的摆桌摆盘，一个是依据饮食的传统，比如餐间饮茶、用餐者分享食物、需要调味品佐味、会有汤羹等；另一个是根据餐具的具体使用习惯，像筷子、筷子架、湿巾碟这些器物都有很强的独立性。

在中式摆盘中，中国人崇尚“对称”和“平、直、正”的审美，即餐具之间几何距离要相等、视觉平衡，这一点在全世界都是共通的。日常吃饭请客，需要的是每人一个骨碟，这个骨碟也可以和西式餐具中吃前菜的餐盘通用，骨碟摆在用餐者正中间的位置，距离桌子边缘大概两指（1.5—2 厘米）。此外还需要一个味碟、一副汤碗、汤勺，以及筷子和筷子架。茶杯最典型的是用没有把柄的那种，摆在右上边或者筷子旁边都是没有问题的。筷

摄影 _ 袁小涵

子架如果是动物或人物造型，那么头部要朝向左摆放。在正式的宴请中，还会用到湿巾碟，放在骨碟的左侧，千万别拿错了邻座的湿巾，会很尴尬。

近年来，很多中国家庭日常饮食都发生了很多的改变。以前只钟情于煎炒烹炸的传统烹饪方式，现在也逐渐使用烤箱烤制食品菜肴、用搅拌机进行食物加工、以沙拉的形式生食蔬菜水果、饮葡萄酒代替传统白酒成为主流，就连分享式的用餐习惯也被更方便卫生的分餐式强烈冲击着……这些改变让中式餐桌也变得界限不再清晰，很多西式的摆放形式被借鉴进来。就像在我这本书里，虽然没有特别布置过一个纯粹的中式餐桌，但很多布局只是换一双筷子，同样成立。这一点和礼仪相同，好的摆放形式是符合人体工学，让人使用方便的，就像好的礼法也是符合全人类文明进程的，走到哪里都适用，其中并不存在很大的东西方的差异。

礼仪方面，我们的老人会从小教导我们，主宾座离门最远、面对门，主人座则靠近门。茶壶嘴不能对着任何人，鱼头则要对

摄影 _ 曾焱冰

着主人。有眼力见儿的年轻人要主动为其他客人斟茶，斟茶次序按照年长、尊贵程度来排列。胳膊肘不上桌。筷子不用要放在筷架上，不能横摆在饭碗当中。尽量少夹菜，保持自己的盘子干净，夹了的菜就不要再放回去。主人应先向客人祝酒。客人亦要敬主人酒以表示感谢。碰杯时，酒杯低于对方的酒杯，以示谦卑和尊敬。起身去夹菜和在盘中翻翻拣拣，甚至筷子夹到别人面前的菜都是非常粗鲁的行为。湿巾是用来擦手的，再热也不能擦脸……

郭德纲曾写过一段给他儿子的话，其中提到——喝汤不许吸溜，吃饭不许吧嗒嘴，要闭上嘴角。筷子不许立插米饭中，因为象征香炉，只有死刑犯的辞阳饭才这样插筷子。吃饭时，手要扶碗，决不许一只手在桌下。家有客人，要谨记茶七、饭八、酒满。客人添饭时一定不能说：还要饭吗？必须问：给您再添点儿？上人家里串门，敲门时先敲一下，再连敲两下，急促地拍门属于报丧，人家必不悦……尽管这位相声演员平时口中尽是笑谈，但这几句却字字箴言，就像他自己所说，规矩可以不遵守，但不能被毁灭。

然而让人感到遗憾的是，近年来，媒体频频爆出中国游客因为吵闹喧哗、举止粗鲁而被外国餐厅拒之门外的事件，让人误以为中国餐桌无礼仪，老祖宗握碎了家法棒在九泉之下恨得咬牙切齿。但从另一方面想，正是这些让人觉得颜面尽失的事情发生，才会刺激更多的人去重视和重拾餐桌礼仪。古话说“仓廪实而知礼节，衣食足而知荣辱”，就像西方人所说三代才能培养出一个贵族，所谓优雅，并不是一时强摆出来的做作姿态，而是建立在知识和规则基础上的一种由内而外从容的美感。

从知识层面讲，中餐喧闹，除了一些人本身嗓门大、举止粗鲁的硬伤外，还有一些认知上的误区。比如中餐讲究主宾不入座，客人不能入座，因而在主人请你当主宾的时候，略表谦逊即

摄影 _ 袁小涵

可，万万别推搡扭捏，仪态尽失，还让其他人陪着罚站。敬酒酒杯低于对方是表示敬意，但如果对方明显比你年龄小或职位低，或仅仅因为他是主人你是客人他是男人你是女人，也不必一层低过一层的推让。还有在中餐馆中常常看到扭打成一团的场面，不是打架，而是争着买单。如果事先约定好谁请客，客人不要去抢，驳了主人的面子，主人亦可在宴请结束前默默把单买掉……

想讲礼貌却因认知不够而弄巧成拙是一种失礼，而不讲究灵活性也会成为笑谈。梁实秋曾在《吃相》中描写一位女士，喝汤时“真能把上下唇撮成一颗樱桃那样大，然后以匙尖触到口边徐徐吮饮之。这和把整个调羹送到嘴里面去的人比较起来，又近于矫枉过正了”。在所有的礼仪中，都有一些模糊的界限，正所谓审时度势，什么场合做什么姿态。比如通常大家认为，中餐不要吃得盆干碗净才表示主人提供的食物充足富余，但在家宴中，的确是吃光所有的东西才会让主人高兴。替人夹菜是很体贴友爱的行为，但在上菜的时候夹一次也就够了，毕竟现在都讲究控制饮食，你不知道其他人是否在节食。在服务费很高的餐厅里，服务员会殷勤地帮你更换骨碟，但如果明明面前的骨碟还很干净，却任由他更换，尽管没错，却不符合现代人环保的精神，礼貌地拒绝也是一种优雅的姿态。

餐桌布置和餐桌礼仪我们中国自古有之，再早的《韩熙载夜宴图》《鸿门宴》都给我们留下了很多可查的依据。老祖宗留下的优雅姿态、讲究的生活方式，其实只是渐渐被现代人忽略。当你重新了解这些，并细细研究，还会发现，好的礼仪，并不过时，相当一部分还是东西方通用的，正所谓，优雅的人，在哪里，都很优雅。

养成好的餐桌礼仪是一个既快又慢的过程。“快”在要尽快认识到礼法上的欠缺和不足，而在日常的一餐一饭中有意识地观察、学习、应用。从无意识到有意识，不熟练到很熟练，会是一个进步很快的过程。而“慢”有两层含义，一是要放慢生活节奏和放松心态，凡事不急不慌，慢慢来。在外用餐，本来就是一个慢慢享受的过程，在餐厅大声叫喊服务员、暴躁地催菜，在自助餐厅一次取食很多，甚至无序哄抢食物，这些都源于心急、节奏急、怕吃亏，是一种贫相和贪相毕露的做法。另一方面，在照猫画虎学会了一些基本礼仪后，更深层次地去顾及他人感受、服务他人、懂得赞美和欣赏，达到自然流露的从容优雅、有教养，是要从生活水准和意识形态两方面去慢慢提高的，这也许还需要两代人到三代人的努力，但为了我们将来可以获得更多的尊重和自由，请不要停下脚步，这一切努力都值得。

餐桌礼仪是孩子与世界的相处模式

餐桌礼仪不是桎梏，不是让孩子戴着脚镣舞蹈，而是灰姑娘的水晶鞋，把孩子最天真美好的部分，连同他们古灵精怪的热情一起安放其中，用最自然、最舒服的方式展现出他们闪闪发亮的一面。

在餐厅里，我们都有过这样默默崩溃的时刻——邻桌的孩子不停打闹、上蹿下跳、互相追逐。小孩把盘子、碗敲得叮当乱响，挑拣食物或把食物当作玩具。席间一同就餐的孩子不断打断大人谈话，大声尖叫、娇纵顽劣……

每当这种时候，作为旁观者总是心里恨恨地想：如果是我的孩子，一定臭揍一顿！但孩子在餐桌上没样儿，并非抽他两个嘴巴，然后告诉他一堆条条框框就可以解决的。多观察就会发现，那些安安静静、举止得体的小孩，都是在平日里就受到过良好的言传身教、有愉悦的生活环境、时刻被成人礼貌对待的孩子。反之，没有被好好尊重过的小孩是不会理解这些抽象词汇的含义的。

“礼法并不是为了看着漂亮，礼法的真意是理解生命中的一些本质。”日本知名平面设计师山口信博如是说。就像我们了解残酷是生命的真相，因而我们懂得珍惜那些被我们剥夺生命而得来的食物。在西方的餐桌上，饭前会为上天赐予的食物祈祷。在东方，亦以不可掉落饭粒和剩余食物成为重要的用餐礼节。自私是人的本性，克制自己为他人着想则成为重要的礼仪。谦恭、

隐忍、注重礼节——不打搅别人，让他人感到愉悦是其中的本质……

对幼童来说，在一餐一饭的日常生活中培养的礼仪，并不仅仅是这些规矩本身，而是通过这些细小的行为方式，告诉他们一种与人、与世界相处的模式，并通过这些获得自信和他人的尊重。英女王皇室家庭总管 Alexandra Messervy 女士这样诠释礼仪：拥有好的礼仪的全部目的，是为了建立自信。因为它可以使其他人感到舒服、自然。

同样，对孩子的教育和培养，也并非一个粗鲁的命令和强加式过程，而是在尊重他们，为他们着想的基础上，让他们从懵懂的模仿，到能体会出其中的美好的真谛。

一起就餐是为了愉快

这么说听起来有点儿白痴，谁不知道用餐是为了愉快呢？但事实往往本末倒置，在我们过多专注于严格训练孩子的用餐礼仪、培养用餐好习惯时，常常忘了让他们首先感受到，吃饭是一个享受愉悦的过程——这才是我们的出发点。那些懂得享受用餐乐趣的孩子总能在举手投足间恰到好处，而缺乏用餐礼仪的小孩，更多时候甚至不知道自己为何会出现在餐桌前，为何总在这种时候被父母教训，更不知道自己究竟该用什么样的态度去对待食物和周围环境。

李安导演曾说过拍电影有几条定律，不要碰小孩、不要碰动物、不要碰水。确实，这些都是最难掌控的部分，但电影可以避开小孩，可作为生活的导演，我们必须面对我们的孩子。在这部戏的脚本中，就要从心底认同教会孩子餐桌礼仪的目的，不是在外出吃饭时做给别人看，也不是在家里拿着游标卡尺盯住孩子在餐桌上的一言一行就够了。餐桌礼仪不是桎梏，不是让孩子戴着脚镣舞蹈，而是灰姑娘的水晶鞋，把孩子最天真美好的部分连同他们古灵精怪的热情一起安放其中，用最自然、最舒服的方式展现出他们闪闪发亮的一面。

教养首先要讲道理

一次吃饭时，一个孩子不断大声地打断我们的对话，对她的妈妈和其他人大叫——吃饭的时候不可以说话！

场面尴尬。作为父母，是粗鲁地呵斥，大人说话小孩不要搭茬儿？还是含糊地说，大人可以说话小孩不可以？这似乎都不合理。难道不是他的老师或父母曾经这样要求他吗？是否有必要先给他解释清楚，吃饭的时候为什么不能说话？

是的，吃饭的时候为什么不能说话呢？

吃饭的时候不正是大家交谈的最好时机吗？这条规矩的形成也许起因于希望孩子尽快专心吃完食物，并且不要被饭粒呛到，但这并不合乎生活常理。日本小说家、评论家宫本百合子在她的著作《新教养》中提到，教养要合乎道理，这是非常重要的事。烦琐而不得要领的教养，是最差的。因而吃饭不能说话这条规矩应该稍作修改——嘴里含着食物的时候，请不要说话。

教养首先要讲道理。实际上，无论是拿筷子的方式，还是左叉右刀从外而内的餐具摆放顺序，都是符合人体工学的。千百年来形成的礼法，一定是最方便、最有效率的章法。无论中西，上菜的顺序、品尝美味的讲究，又都内含着对人味觉的深入研究。我们为什么要告诉孩子，先品尝清淡的前菜，味重的荤菜要在海鲜之后，而甜品最后？因为这样味觉才能享受到丰富的层次。又为什么拿酒杯的时候只能捏住杯脚？专喝勃艮第酒的酒杯杯口窄，而喝波尔多酒的酒杯杯口宽？这里面关于化学和生理学的道理可以等他们长大点儿后慢慢讲解。但你要做的是，教给孩子之

明快的色彩、漂亮而不容易被损坏的餐具，是孩子派对的最佳首选

前，自己要深谙其中的道理，即使像不能抖腿斜眼、筷子不能插在米饭上、不能敲盘子敲碗这些要求，虽然尽可以大喝一声——这就是老祖宗留下的规矩！但其实，这一切也是和社会文化与心理学之间有着扯不完的关联和典故的。

不被打扰的小孩才懂得安静

在餐厅里，我们会遇到这样的孩子——像有多动症一般，一直处于不安的状态。对父母说话高声而无理，甚至尖叫，把食物乱丢，杯盘弄得乱响，还会撒泼哭闹。

我们也会遇到这样的孩子——一直专注地吃着面前的食物，小手的动作甚至还笨笨的、萌萌的，但却很努力地吃完食物。想要什么的时候会向父母提出请求，会和父母交流，但不会过大音量或一直打断大人的谈话。

这两种孩子从生下来都是一无所知，并没有谁对餐桌礼仪或用餐规则天生就懂，但发展到如此极端的两个方向，必然有其中的原因。我们把镜头再推过去仔细观察，会看到第一个孩子的妈妈一直在絮絮叨叨问孩子吃这个不吃那个不，要擦手、要喝水、要坐直、要撒尿，不要摔筷子、不要敲碗。那个孩子刚吃一口米饭，妈妈便塞过来一口青菜，刚要喝水，妈妈又叫着擦擦嘴，而孩子的父亲一直在玩手机，与这对母子的交流几乎为零。

而第二个孩子的父母则穿戴精致得体，一边用餐，一边彼此轻声愉快地交谈，他们的目光时常会落在孩子的身上，但很少去打扰他，只在他最需要时及时而到位地提供帮助。如果他要说什么，他们总会转过目光，注视着他认真倾听并耐心地和他交流。

就像前文所说，被好好尊重和礼貌对待的小孩，才会以同样的礼貌待人。同样，在日常生活中不被随意打扰的孩子，才能够懂得安静和专心。从儿童心理学上讲，专注力是幼儿发展的第一要素，成人过多指令和频繁的干扰会阻碍专注力的发展。不能懂得他们内心的需求，错误的教育手法和无效的沟通方式，都会让孩子因为无路可走而变得焦躁——他们除了以发脾气和搞破坏为手段地发泄和引起关注外，别无他法。做一个简单的置换游戏，假设你是那个被一万只苍蝇嗡嗡嗡包围住的可怜虫，3 分钟被人摆弄一下头发抹一下嘴角，2 分钟纠正一次坐姿，并不断地让你吃这个吃那个要这样不要那样，你还不能掀桌子也不能起身就走，不可以以成人的方式表示抗议，怎么办？估计也只能号啕着满地打滚儿了……

为孩子外出用餐做足准备

经常看到一些年轻而时髦的父母会带着他们一两个月甚至更小的小婴儿一起吃饭、喝咖啡、晒太阳，小宝宝也许只是躺在婴儿提篮里，或依偎在大人怀里睁大眼睛吃着手指好奇地看，但最好的家庭教育，不正是一家人在一起，愉快地吃很多很多顿饭吗？

千万不要因为怕麻烦而放弃带小孩出门。在餐厅里看各式各样的人、观察环境、感受轻松欢乐的气氛，都是潜移默化的启蒙。只是当你决定带小宝宝出门前，备课工作要做仔细，这样才能让吃饭变成一个令人愉快的过程。

首先是餐厅选择。对婴幼儿来说，希望他们接触的环境是明亮的、充满阳光的、宽敞、不那么嘈杂，环境雅致干净，尤其是气味上要清新自然，用餐的客人也是彬彬有礼的——好的审美和举止对小宝宝都是正面的熏陶。那些提供双休日早午餐的西餐厅会是很好的选择。这些餐厅在入夜后也许是正式的 Fine Dining 餐厅（高级餐厅），不适合儿童出没，但双休日的早午餐则不同，没那么正式，用餐的人群也会包含很多家庭。

当小宝宝会走路了之后，则可以选择一些有花园、户外走廊或专门设有儿童活动区域的餐厅。耐性短是小孩子的天性，当他有些坐不住的时候，可以带他出去放放风，寻找点儿其他乐趣。而在他能吃东西后，要在选择餐厅的时候着重考虑，是否有提供适合小宝宝食用的安全可靠的食物，毕竟和大人一起享用美味才是出去吃饭的根本。

至于绝对不要选择的地方，一类是非常正式的高级餐厅（尤其是晚餐），无论是否有明文规定，带低龄的孩子去都是不礼貌的。有酒吧性质的餐厅，吵闹的音乐和狭窄的环境也不适合儿童。洋快餐实在是摧毁味觉和健康的地方，建议远离。火锅、烧烤一类有危险系数的餐厅更不适合孩子。

此外，一些对孩子友善（Children-Friendly）的餐厅，会提供可爱且不易碎的儿童餐具，对不单独提供餐具的地方，要根据自己孩子的情况决定是否随身携带专属的杯盘勺筷。还有用餐时间，即使爱丽舍宫的总统晚宴也会严格规定时间不超过55分钟，更何况小孩子的天性使然，不可能安安静静地一直坐着，所以要考虑到餐厅的上菜速度和用餐时点菜的数量，如果是和友人相聚畅聊的饭局，就干脆把孩子放在家里吧。

餐桌礼仪就是日常的教养

在保罗·福塞尔的《格调》一书中提到，人的生活品位随着他的成长一旦形成之后，一般不会再发生大的改变，即使经由有意识地熏陶和训练似乎也收效甚微。这也是你很难看到通过一两个疗程的“贵族礼仪培训课”就能培养出贵族一样。尤其是在经历过天灾人祸，传统文化曾经严重断裂的中国，重拾礼仪更是一个急迫却也漫长的过程。如今迅速成长的中产阶级父母会格外看重下一代的教养养成，希望他们的孩子可以在餐桌上举止优雅，

摄影 _ 黄鹭

摄影＿曾焱冰

家里的核心是一张让人欢聚的餐桌，我以这张餐桌为参照物，记录她的不断成长

在社交场合待人接物彬彬有礼，成长为社会中的“新贵族”。但这一切又真的急不得，比如我们讨论的餐桌礼仪，说白了，实际上都是日常的教养，它们并不独立存在，也不会像餐巾一样，只短暂地展示于餐桌之上，而是整个家庭生活水平、成员教育程度和教养综合熏陶的呈现。

因而餐桌礼仪的培养，不应该仅仅限于在餐桌之上。一言一行具体的身教，胜于空洞乏味的言传。就像简单的“请”“谢谢”“对不起”，每个成年人都会教给孩子，但小孩更直观地感受到的不是这些词汇的应用，而是父母对待服务人员的态度。为他人着想是一个宽泛的概念，在降低了嗓门、打喷嚏知道遮住嘴巴后，在餐桌上是否会倾听配合别人的谈话则是潜移默化中教养的体现。筷子刀叉的使用方法可以通过严格的管教来传授，但吃相中的贪相和贫相则是更细微之处的流露。

在遇到孩子失礼于人的时候，我们总是先想到，你丢了我的脸。但要知道，他并不会为了你的面子而活。教养并不是只针对孩子，要时刻透过孩子的行为反思自己的举止。

也不要喋喋不休地去说这样不可以、那样不可以，而是去做。一个温和谦恭的父亲，不会教出对人颐指气使的女儿；一个举止优雅的母亲，也不会有粗俗莽撞的儿子。在一个顽劣的孩子身上，反射出的实际上是父母的粗鲁和不自知。

因而我们也会说，养孩子也是一个不断自我修正的过程。与其说，孩子，你要为我争气！不如说，孩子，我会为你争气！

全世界通用的餐桌礼仪

在我们的印象里，总有个误区，觉得西餐的规矩更多一些，而中餐不必那么讲究。但其实，先秦汉以前的各种礼仪就已经写成了一部《礼记》，其中关于餐宴中的诸多规矩细致到惊人，“毋

咤食，毋啮骨，毋反鱼肉，毋投与狗骨。毋固获，毋扬饭”。翻译成大白话就是：吃饭别吧唧嘴；不要大口撕咬着啃肉；吃多少夹多少，别再放回去；狗也有尊严，别把自己不啃的骨头扔给狗；不能爱吃什么就猛吃，更不能因为烫嘴就扇风吹热气儿……这些东西放在今天，依然是完全通行的标准，而且如果细细想来，其实无论中餐西餐，好的礼仪，全世界通用。

比如说手脚。在中国，老祖宗留下的规矩是：吃饭时，手要扶碗，决不许一只手垂在桌下，当然，也不能胳膊肘上桌子。空着的手，轻握在桌边，小孩可以放在膝盖上。双脚要平放，脱鞋或叉开双腿都很不礼貌；不跷腿，不抖脚。在西方，这些规则都可以直接翻译，分毫不差。

摄影＿袁小涵

再说坐。无论中西方，坐如钟，便是要正、稳。椅子要深座，不靠椅背，整个人腰背挺直，在任何文化中，歪斜的坐姿或瘫软趴下都是不入流的表现，挺拔而不僵硬为最佳。

具体到吃饭，不管哪国人，主人（或长辈）不开动，客人（或晚辈）不能吃。中式饭碗要端起，不低头扒饭，西餐餐叉送嘴边，不为食物而折腰。喝汤不出声，中式汤烫不要吹，放凉一点儿再喝也不迟。从小学会把食物分成一小口一小口吃，不撕咬、整块啃，吃相不野蛮，不要骚扰到别人。一只手一次只做一件事，轻拿轻放，不撞杯子不撞盘。吃得要干净，保持自己碗盘餐具整洁。无论西式自助还是中餐分享，不要一次取食太多，不可挑挑拣拣，筷子不能伸到别人面前夹菜，不能把喜欢的食物都揽到面前。勤擦嘴，不喜欢吃的东西要悄悄吐在纸巾中。吃饭只能在餐桌上，不能满餐厅乱走，坐下后不可换座位，提前离座要征询大人同意。嘴里含着食物不要说话。西餐桌上够不到的东西不要伸胳膊去拿，请旁人帮忙传递；中餐转盘，小孩不可擅自转动，而应该请父母代替夹取食物。

这些规矩，都是我们从小便应该熟知的，它就像音乐或艺术，是一种非语言的交流方式。掌握这种技能，就犹如让孩子瞬间拥有了好的歌喉或神奇的画笔，无论是在金发碧眼的国度，还是在我们古典的东方，都可以顺利与人交往。文明的礼仪，实际上是一本全球免签的护照，能帮孩子走得更高更远。

“救火”和“应急”

在说完所有这些之后，还要说一件事。要知道，孩子毕竟是孩子，他们都是天使和恶魔的混合体，或者说就像来自“蓝星”的生物，平时再有教养的小孩也会有这样的时刻——也许是身体不舒服，或者是情绪不佳，再或者只是忽然想念自己的星球而有

些伤感，在你完全无法掌控的某个点上，他失控了。

这时你要做的肯定不是当众训斥孩子，那只能让场面更糟。先稳定住自己的情绪，放松，要知道大家虽然被打搅都会不愉快，但文明社会中的人们，对于难以掌控的低龄幼童还是会有宽容之心的。迅速而平静地把他带离餐厅，哪怕是舍弃还没有端上桌的龙虾或鹅肝，到一个安静的、不会打扰到其他人的地方等他稳定情绪。温和地对他。这时最怕的是大人的慌乱和紧张，至于如何让自己在这种尴尬的时刻泰然自若？

旅行作家且育有一个非常出色的女儿的英国绅士 Mark Graham 曾告诉我，当年他在带着三岁的女儿外出偶遇状况时，心里默念十遍让自己镇定的“秘密口诀”：我默默忍受了那么多年吃饭听熊孩子吵闹，现在终于是你们该偿还我的时刻了！

关于餐桌，关于爱

Q：为什么餐桌布置显得越来越重要？

A：都市人最大的问题之一是吃得太多，吃得太好，因而在日常生活中往往会控制饮食，以求保持身材。在这种大环境下，怎么吃就成了重要的课题。

人们对吃饭的需求从果腹、摄取营养，到享受美味，再往上，就是味觉与感受俱佳。一张布置精美得当的餐桌，不仅可以烘托美食，还可以让人实现坐下来“享受一段时光”的愿望，从而有了交流的需求，这在社会节奏变快、人和人之间产生疏离感的时代，是非常重要的需求。此外，餐桌也代表着一种社交生活，礼仪、审美和生活态度的展示。

Q：我们都这么忙了，再布置餐桌，多累呀？

A：有一个伪命题，就是：“等我有时间了，再……”其实人越是忙的时候，才越需要停下来，放松一下。这种“停”不一定是指瘫倒，去忙让人感觉开心和美好的事，虽然一样需要身体上的劳作，但心情和精神状态却是放松的。

汪曾祺先生说“生活，是很好玩的”，布置美丽的餐桌，也是一种好玩儿的玩法。

Q：日常餐桌布置有没有什么简单易行的方式？

A：可以多准备几块桌布，不同色彩、风格、质地。这样很容易让餐桌有不一样的视觉效果和感受。

鲜花不必很多，一两枝也是很好的，或者用盆栽的植物装饰餐桌，用时令的水果蔬菜，都非常好。不必给自己设条条框框，生活应该更随意一些，能在身边发现更多好看的东西。

再有就是日常使用的餐瓷餐具可以规划一下，有几套比较精美，特别喜欢的，这样即使平常的餐饭，也可以因为餐瓷的美好而增添色彩。

总之日常餐桌布置，不用过于夸张，一个小亮点足够。我们更要追求的是一种持续的讲究和认真的生活态度。

Q：家中如果有不同风格的餐具，怎么搭配在一起？

A：现在国际上最流行的就是餐瓷的混搭。不仅不同图案色彩可以混搭，连不同材质也可以混搭出非常好的效果。

每个家庭都会有很多不同风格的餐瓷，但实际上一个人的主风格是有范围的，所以那些了解自己风格的人在搭配上也容易做到调性统一，这点和穿衣混搭是一个道理。

一个很重要的建议就是多去逛商店，看店铺内陈列的搭配方式，看我们公众号“置爱”介绍的餐桌布置方案也很有帮助，多看、多尝试，就会摸索出自己的风格。

Q：如果只想买两套餐盘，你推荐买哪两种？

A：首先一定要买一套百搭款。可以选择质地细腻的纯白色骨瓷盘，老人、大人、小孩，中餐、西餐都能用，非常易搭。

如果觉得白色太单调，想要一点儿花色，那么建议选择蓝白配色的盘子。我家盘子有很多套，但用得最多的还是一套白色加蓝边的盘子和一套“皇家哥本哈根”的蓝白唐草图案盘子，这两套盘子价格差很远，但都非常百搭，不管是中餐炒菜还是西餐那种一份一份端上桌的菜，都很适合。

然后还需要一套甜品盘。甜品盘一定要花一点儿，每个盘子的花色最好别重样，这样互相搭配更好看，客人来了让他们挑选自己喜欢的盘子，也蛮好玩的。

Q：朋友忽然到访，在材料有限的情况下怎样布置餐桌？

A：用最恰当的餐瓷、最好的酒杯、新鲜的食物和热情。如果有蜡烛，餐桌上只是点上蜡烛也很有气氛。

Q：可否分享一个花艺与餐桌搭配的小诀窍？

A：在餐桌上，加入花艺装饰可以营造美妙的就餐氛围。花艺与餐桌搭配有很多非常具体的方式和细节在书中都有详细的介绍，但最最重要的是，尽量采用时令鲜花，这样给用餐者明确而强烈的季节代入感，会更容易给人留下深刻的印象。而且按季节选花材、食材，也是全球通用的健康生活方式之一。

此外，在日常餐桌布置中（也包括精致晚宴）鲜花的姿态越自然越好，仿佛从花园里刚刚采撷而来，慵懒而随意的姿态最让人心动。当然，这种“漫不经心感”其实反而需要花很多时间去精心营造。

最后一个要点就是，不要轻易试图用鲜花铺满餐桌，这样显得有点儿“头脑简单”，记住不要喧宾夺主，也就是要理解餐桌布置的目的是什么。

摄影_袁小涵

Q：美好的一餐，不可或缺的元素是什么？

A：很多元素都可以成就美好的一餐。美味的食物、喜欢的人、很好的氛围、不一样的心情、特别的布置……所以没有什么是不可或缺的吧，或者说你很难去定义对一个人当下的心情，什么不可或缺。美好总是可遇不可求的。

Q：你说自从迷上了餐桌布置，社交恐惧症都缓解了，怎么讲？

A：我所说的一餐一饭缓解社交恐惧症，是指当你用心做家宴或派对设计，当朋友相聚的机会越来越多，朋友们可以感受到你的用心和热情，进而氛围越来越好时，再内向的人也会被氛围感染，从而放松下来，享受与人交流的快乐。

Q：餐桌布置是不是有很多规矩、法则、条条框框？

A：我始终觉得，餐桌布置不应该是一件很教条的事。但餐桌上，餐具摆放确实有一些规则是需要了解的，就好像刀叉摆放的顺序，筷子放哪儿，哪个汤碗是你的，哪个是隔壁的……如果不知道这些，摆放出来的布置，最大的问题是会给用餐者造成困扰。当你心里很清楚所有的道理和规矩之后，就能更自由地创意和发挥了。

Q：那你会不会指出别人餐桌布置中的错误……

A：呃，我的情商还没有那么堪忧啊！不能别人在家热情地招待你，你却说人家都做错了。日常的餐桌布置不是一件需要考试的事情，少一些评判，多一些赞赏，随心而为，才更有趣。在餐桌上，很多按道理说是不应该的行为，吃高兴了的时候，也没有什么要拘束的。

Q：没钱、没时间，能不能谈生活美学？

A：生活其实很难分成奋斗、享乐这样的一个个明确的阶段。即使一个人不上班，有的是时间或有的是钱，他也未必能成为一个会玩乐、会享受生活的人。有钱、有闲，肯定是生活美好的加分项，但没有的时候，也一样可以在繁忙和窘迫中找到乐趣和美。

举个简单的例子，比如你只是吃一颗鸡蛋，煮的火候很过与把它做成一个恰到好处的溏心蛋，是两种味道和美感，在赶地铁的时候裹着塑料袋吃，与早起一会儿，好好坐在餐桌前，慢慢吃，又是不同的感觉。没钱、没时间，都不如没心思更糟糕。

Q：“生活的仪式感”和“做作”有什么区别？

A：“做作”是一种为了追求形式感而做出的姿态，是为了凹而凹。比如用平盘一块一块去摆放红烧肉，我就觉得很做作。红烧肉是一道有温度有热情的菜，如果用传统的大碗装上，会保持这份“热气”，不仅是温度上的热，也是感受上的热乎气儿，但为了凹造型，而无视美食的特质，就显得很做作。

同样，在仪式感上也好，布置设计上也好，如果你忽略了受众的感受，就很容易沦为做作。这个界限很微妙，关键的是要尊重人的感受。

Q：在餐桌布置上，中西方差异有哪些？

A：首先是用餐的方式不同。分享式和共享式带给餐桌布置

很大的区别。简单说，西式餐桌可以把餐桌中间都摆满装饰，但中式餐桌要分享食物，食物便是主体。另外饮食习惯不同、菜系不同让使用的餐具类型和造型也有很多区别。西餐用平盘更容易将菜品摆放得艺术，但中餐很多菜适合用碗这样的容器，保温，并有一种丰盛感。

Q：谈到中国的餐桌文化，很多人都是比较恐惧的，餐桌布置能缓解这种恐惧症吗？

A：我想这是两个概念。让人恐惧的是中国餐桌文化中比较糟粕的那些，比如劝酒、逼吃逼喝、餐桌上乌烟瘴气的权力利益，对这些，即使再好看的餐桌布置也解救不了。但中国餐桌文化中更有很温暖动人的一面，比如其中的擅于分享、渴求温度与和谐圆满的一面。

Q：最后一个问题，书中伴随小叶子长大的那张桌子什么来历？

A：家里这张桌子是定做的，比小叶子大三岁呢。我希望家里客厅最亮的地方摆放的不是围圈的沙发和电视墙，一定是一张大桌子。所以当时搬了新房，我先生就画了这张桌子的图纸，找师傅照着图做。取的那一天，发现那儿怎么有四个这样的桌子支架啊？我说一个桌子就俩架子呀？师傅说有人看见了喜欢也想做，就给人家也顺手做了俩……

反正这个桌子也用了超过十年了，每一顿饭都是在这张桌子上吃的——在上面吃了好多顿早餐，好多的下午茶，度过了好多个晚上。小叶子从出生开始就也围绕着这张桌子，从抱着她，到自己坐着，到能从桌子下面爬过去，到能爬上桌子……然后，她越来越高，这张桌子就再也不是她眼里的一个“中心”了。

后记：一起吃好多好多顿饭，后来呢？

在一个活动上遇到一个女孩，她过来和我说，很多年前买了我的书，书名这句话正是她和男朋友的定情话。我说，真的吗？她说，是的。最初他俩只是“饭搭子”，后来，她就和他说，我们以后在一起，吃好多好多顿饭吧。

这让我又想起了几张可爱的面孔，一个羞涩的男生，请我帮他在书的扉页写下——亲爱的某某，我要和你一起吃好多好多顿饭。记得当时我的笔在空中停了几秒，然后笑着和他说，这句话应该是你来写才对呢。一位中年男士，要送书给自己结婚十年的太太，告诉她，“我的幸福就在和你一起的好多好多顿饭里”。还有好几位女孩子要送书给闺密，对她们说，祝你找到那个和你一起吃好多好多顿饭的人……

印象很深的一个姑娘，她把这本书的封面发在微博上，上面写着，爸爸，Fighting！原来这个女孩的父亲不幸患了癌症，她无意中看到这本书，就用它来激励爸爸，要他坚强，要他快点儿好起来，因为“我们还要在一起，吃好多好多顿饭”。

有时候我们回忆一些重要的事、一些难忘的人和情感，往往都是和吃饭连在一起的。那些放学后和父母一起围坐餐桌旁吃晚饭的时光，热烈地聊着学校的事，分享着八卦和美食的记忆，和彼时的灯光一样温暖，是心底关于家的底色。那一个个早起的清晨，为家人精心准备好的早餐，早已超越了煎蛋和面包的范畴，是最日常点滴的关爱，甚至有点儿絮叨，但早晚被岁月磨成一粒珍珠，温润而美好。还有当你低落的时候，是谁拉着你说，走吧，没什么是一顿火锅不能解决的，如果不能，咱就来两顿！当你得意须尽欢的时候，又是谁与你一起举杯，清脆的碰撞声，香槟泡沫微微炸裂的声音，一切细节清晰可辨，仿佛只要再次举起酒杯，那些往事和情谊，都还会重来。

我在很多次的演讲中，借用过韩国影视剧《奶酪陷阱》里的一系列剧照，男主角在剧中对喜欢的女孩子说："一起吃晚饭好吗？""要不要和我一起吃中饭呀？""小雪要不要一起吃午饭呀？""和我一起去吃饭吧！"那无数个镜头串联在一起，就像《天堂电影院》中将接吻的镜头连在一起一样令人动容，那个在你身边、无数次对你说"吃饭了吗，走，我们一起去吃饭吧"的人（而不是说"哪天一起吃饭吧"的假客套的人），一定是最真诚地爱着你的人。

几年过去了，"爱就是在一起，吃好多好多顿饭"这句话变得耳熟能详，也成了人们爱用的示爱语。这句看似平平常常的话，却戳中了人们内心最柔软的地方，更重要的是，它让人们开始从一个细小的角度审视自己的生活和情感——爱不是轰轰烈烈的表白，而是温柔温暖的相伴，吃饭也不仅仅是为了满足口腹之欲，而是为了更好地相聚和更精彩的日常。

一张餐桌的意义，也不再只单纯是美食的承载，它还变成了人们沟通、表达、社交的舞台。日本作家松浦弥太郎曾说到他的一个人生感悟："做演讲也好，向人说明事理也好，包括和重要的人加深关系，交流都不可或缺。正因为如此，一定要明白这一点：交流的目的，是为了传达爱愿。"这其实也是我们进行餐桌布置的目的，我们用鲜花、美食和种种奇思妙想装扮出的餐桌，不是为了炫耀昂贵的器皿或自我炫技，而是通过它，表达出对用餐者浓浓的爱意与关怀。

所以当这本《爱就是在一起，吃好多好多顿饭》出版伊始便爬上畅销书排行榜时，有评论说，终于有一本生活美学的书，可以与铺天盖地的成功学 PK 了。我也曾想，如果人们都愿意如此用心地生活，在细小之处寻找爱，用认真的态度去创造生活中的美，那么我们也许会在某一天真的改写成功的定义。成功不再只是看一个人死后有多少钱，而是在他活着的时候过着怎样的生活。那些精神上丰富的内涵，生活中拥有的爱与美好，会成为人们所追求和崇尚的新的财富。

而我也终于可以拍着自己的肩膀说，你做对了一件事，这确实是一个值得与全世界分享的主意。一顿饭看似无关紧要，也不会翻天覆地地去颠覆你的生活，但正是这一顿一顿饭中的精心和温暖，可以改变生活质量和人与人之间的关系，可以带给人非常具体真实的爱和被爱的感受。

爱就是在一起，吃好多好多顿饭

产品经理｜曹曼 邵蕊蕊
装帧设计｜张一一
内文排版｜孙莹
技术编辑｜陈杰
责任印制｜刘世乐
出品人｜路金波

图书在版编目（CIP）数据

爱就是在一起，吃好多好多顿饭 / 曾焱冰著. -- 天津：天津人民出版社, 2020.9
ISBN 978-7-201-16325-3

Ⅰ. ①爱… Ⅱ. ①曾… Ⅲ. ①饮食—礼仪②桌台—装饰 Ⅳ. ①K891.25②TS972.32

中国版本图书馆CIP数据核字(2020)第139709号

爱就是在一起，吃好多好多顿饭
AI JIUSHI ZAI YIQI，CHI HAODUO HAODUO DUN FAN

出　　版　天津人民出版社
出 版 人　刘　庆
地　　址　天津市和平区西康路35号康岳大厦
邮政编码　300051
邮购电话　022-23332469
网　　址　http://www.tjrmcbs.com
电子信箱　reader@tjrmcbs.com

责任编辑　金晓芸
特约编辑　康嘉瑄
产品经理　曹　曼　邵蕊蕊

制版印刷　天津图文方嘉印刷有限公司
经　　销　新华书店
开　　本　710毫米×1000毫米　1/16
印　　张　16
印　　数　1-7,000
字　　数　200千字
版次印次　2020年9月第1版　2020年9月第1次印刷
定　　价　98.00元